Effect of Government Spending on Education and
Population Flow on Economic Growth in China

我国地方政府教育支出、人口流动的经济增长效应研究

刘冰熙 —— 著

中国财经出版传媒集团

经济科学出版社
Economic Science Press

图书在版编目（CIP）数据

我国地方政府教育支出、人口流动的经济增长效应研究/
刘冰熙著 . —北京：经济科学出版社，2019.2
ISBN 978 - 7 - 5218 - 0233 - 7

Ⅰ. ①我… Ⅱ. ①刘… Ⅲ. ①地方财政 - 教育经费 -
财政支出 - 影响 - 区域经济 - 经济增长 - 研究 - 中国
②人口流动 - 影响 - 区域经济 - 经济增长 - 研究 - 中国
Ⅳ. ①F127

中国版本图书馆 CIP 数据核字（2019）第 022376 号

责任编辑：周国强
责任校对：隗立娜
责任印制：邱　天

我国地方政府教育支出、人口流动的经济增长效应研究

刘冰熙　著

经济科学出版社出版、发行　新华书店经销
社址：北京市海淀区阜成路甲 28 号　邮编：100142
总编部电话：010 - 88191217　发行部电话：010 - 88191522
网址：www. esp. com. cn
电子邮件：esp@ esp. com. cn
天猫网店：经济科学出版社旗舰店
网址：http://jjkxcbs. tmall. com
固安华明印业有限公司印装
710 × 1000　16 开　12 印张　200000 字
2019 年 2 月第 1 版　2019 年 2 月第 1 次印刷
ISBN 978 - 7 - 5218 - 0233 - 7　定价：58. 00 元
（图书出现印装问题，本社负责调换。电话：010 - 88191510）
（版权所有　侵权必究　打击盗版　举报热线：010 - 88191661
QQ：2242791300　营销中心电话：010 - 88191537
电子信箱：dbts@ esp. com. cn）

前　言

人力资本，已经成为影响一个国家社会经济发展的决定性因素，因此各国政府都极为重视对人力资本的投资，尤其是对教育的投资。我国已将"科教兴国"战略作为我国的基本发展战略，其核心内容是加强教育投入和人才培养。然而，在以地方为主体的教育投资体制下，我国地方政府的教育投资积极性没有得到充分调动，相对于经济增长，教育投入仍处于较低水平。

本书重点研究地方政府教育投资对其经济增长的影响，并从中探究我国地方政府缺乏教育投资积极性的原因，提出促进地方政府教育投资的对策建议。

在此主题下，本书具体解决四个主要问题：第一，在开放型经济条件下，我国地方政府的教育投资能否有效促进其经济增长？第二，如果经济体是开放的，教育投资的收益——人力资本的地区间流动就成为必然，那么这种流动对地方经济产生了什么样的影响？第三，地区的人力资本流出，即教育投资收益的空间外溢状况如何？对流出地和流入地的经济增长产生了何种影响？第四，采取何种对策促进地方政府的教育投入。

针对上述问题，本书首先对教育投资、人力资本投资和经济增长等核心范畴的相关概念和理论进行了梳理，并对教育、人力资本和内生增长理论进行了论述，以便为后文的深入研究奠定基础。

其次，在对我国教育投资、人力资本及人口流动的现状与存在的问题进行分析的基础上，提出了本书研究的三个假说：第一，地方政府教育支出对经济增长有积极影响，但在区域间存在差异；第二，地方政府间存在教育支出的空间溢出，这种空间溢出会对本地以及其他地区的经济增长产生影响；

第三，地方政府教育支出的空间外溢效应主要源于地区间的人口流动，这种流动会减弱地方政府教育支出对本地经济增长的效应，且呈现区域特征。

再次，为了检验以上假说，本书安排了三个部分（即第四、第五、第六章）进行实证分析：

第四章分析的内容主要集中在两个方面：一是从全国角度分析地方政府教育支出对经济增长作用的方向和程度；二是分析地方政府教育支出对经济增长影响的区域性差异。本章的实证分析以地方政府教育支出作为核心解释变量，同时检验了财政分权、固定资产投资、市场化、开放度以及城镇化等对经济增长的影响。实证结果表明：地方政府教育支出对经济增长整体上呈现显著正向效应；但东、中、西三大区域存在一定差异：东部区域和中部区域的地方政府教育支出对区域经济增长的影响显著，且有积极的正向效应，但西部地区地方政府教育支出的经济增长效应在统计上不显著。

第五章是在第四章基础上提出空间互动（依赖）的理论，该理论或基于决策单位主动或被动的策略行为，或基于生产要素的跨区流动。相应地，我国地方政府教育支出在跨区分析中也不可或缺，因而本书分析了教育支出产生空间外溢情况下我国地方政府教育支出对地方经济增长的影响。本章将空间计量经济模型，尤其是将空间面板 Durbin 模型引入并作为分析的实证模型，构建了包含地方政府教育支出及其空间外溢变量的空间计量模型；在空间权重矩阵选取上，采用了基于相邻矩阵和基于距离矩阵两种形式。实证结果显示，地方政府教育支出在地理空间上与周边区域形成密切互动，相互影响，地方政府教育支出及其空间外溢对地区经济增长有显著的正向效应，且其外溢效应大于本身的经济增长效应。通俗地讲，对某地经济增长而言，相邻地区的政府教育支出对其有显著的促进作用，该作用甚至大于本地政府教育支出对经济增长的作用效果。该研究结论也部分解释了我国地方政府教育支出安排上的"搭便车"行为。

第六章分析的重点是：在人口流动引起人力资本流动的背景下，地方政府教育支出对地区经济增长的影响。提出教育投资效益空间外溢的主要途径是人口流动，即一地的人口经过本地的教育后流动至另一个地区，从而使教育投资地与投资效益产生地发生分离，因此本章将人口流动因素纳入经济增长模型中。本章采用流入人口与本地户籍人口之比来测度人口流动；将样本划分为全样本、东部区域、中部区域和西部区域；通过人口流动、地方政府教育支出及其交互项考察对区域经济增长的效应。实证结果表明，人口流动与政府教育支出对经济增长的效应存在着明显的区域特征。具体来讲，从全国的样本看，人口流动对经济增长有较为显著的促进作用，政府教育支出在人口流动的背景下对经济增长也有显著正效应；东部区域的实证结论与全国基本一致，即人口流动与政府教育支出对经济增长有显著正效应；但是中部区域和西部区域的实证研究结论是：无论人口流动、地方政府教育支出，在人口流动的作用下，对本区域经济增长的影响并不明显。

实证分析的基本结论是：地方政府教育支出对于经济增长具有积极推动作用，但是由于存在人口流动（主要是向东部和发达地区流动）导致教育投资效益空间外溢，从而使地方政府（尤其是中、西部地区）教育投资对其经济增长的促进作用不明显。这些结论实际上阐释了地方政府缺乏教育投资积极性的经济原因：经济落后地区迫切需要进行教育投资以培养所需人才，但因为存在效益空间外溢和资金约束而不愿或不能进行教育投资；经济发达地区因流入的人才相对富裕而弱化了政府扩大教育投资的意愿。

最后，在对上述研究结论进行梳理的基础上，提出了促进我国地方政府教育投入的对策和建议。其中主要包括：建立"教育调节基金"以补偿教育投资溢出地；建立政府教育投资与经济同步增长机制；完善政府教育投资管理体制；制定科学合理的地方社会经济发展考核目标。

目　　录

第一章 导 论

第一节 研究背景及意义

人力资本，已经成为影响一个国家社会经济发展的决定性因素，因此各国政府都极为重视对人力资本的投资，尤其是对教育的投资更是各国人力资本投资的重中之重；改革开放以来，我国教育事业得到快速发展，教育投资水平逐渐提高，教育对地方社会经济及文化发展的提升作用也开始显现；中共十七大以来，中央坚持全面、协调、可持续发展，将人才强国战略与科教兴国战略、可持续发展战略放到同等高度，使我国的教育事业又迎来了快速发展的新契机。然而，在以地方为主体的教育投资体制下，我国地方政府的教育投资积极性没有得到充分调动，相对于高速的经济增长，我国的整体教育投入仍处于较低水平。

自20世纪80年代进行了分权体制改革后，我国地方政府开始拥有相对独立的经济利益，不同级次的地方政府，作为一定地理区域内的管理者拥有相对独立的财政收入和支出权力。在政府财政支出的项目中，公共教育支出具有明显的特殊性。与一般的固定资产投资不同，教育投资的主体与客体之间是一种非契约关系，地方政府作为教育投资方不能限制受教育者的就业区域选择。换言之，在体制上地方政府有制定其财政政策以及进行教育投资的自由，但在开放型经济条件下，地方政府不能阻止要素的区域间流动。人力资源往往在出生地接受公共教育（即属地性），而当人力资源经过政府的教育而转变为人力资本时，政府便无法限制本地区人力资本的对外转移，使地方政府教育投资产生效益溢出，教育投资溢出地区往往又不能得到体制内补偿，从而促使地方政府趋于选择物质投资而非教育投资。

随着我国城市化程度的提高、户籍制度的逐步完善，人口流动进一步加剧，并呈现出显著的空间特征：农村流向城镇、贫困地区流向发达地区、西部流向东部。这种流动不仅改变了地方的社会、经济和生态环境，更扩大了教育投资效益的空间溢出，从而进一步弱化了地方政府的教育投资意愿。

因此，如何清晰地把握地方政府教育支出与其经济增长的关系，制定和完善相关制度以调动地方政府的教育投资积极性，就成为我国目前亟待解决的一个重要问题。基于此，本书从静态和动态两个方面研究我国地方政府教育投资与其经济增长的关系。其中，重点研究在人口流动情况下，教育投资的外溢性及其与地方经济增长的关系，并提出对策以调动地方政府教育投资的积极性，推动我国社会教育事业发展、提升整体人力资源水平和地方经济发展水平。

本书的研究意义主要表现在三个方面：

首先，进一步完善教育投资理论体系。教育投资与经济增长是国内外众多学者一直研究的热点问题之一，大部分研究成果都表明教育投资能够有效促进经济增长。但是对于开放型经济体而言，由于人力资本的自由流动，其教育投资能否有效促进本地经济增长、能够在多大程度上促进本地经济增长则是需要进一步探讨的问题。

其次，在我国进行了分权化改革后，各个地方政府成为相对独立的利益主体，政府间也产生了竞争关系。在人口流动条件下，我国地方教育投资对其经济增长产生了何种影响、如何实现各地区教育投资与收益的均衡，已经成为我国社会经济发展过程中亟待研究和解决的主要问题之一。

最后，教育作为人力资本投资的主要投资方式之一，是推动社会经济发展最重要的源动力。而现实情况是，我国各区域间教育投资差异巨大，教育水平也存在着很大的差距，而由于人口的流动性，我国人口形成了中、西部地区向东部沿海地区流动的格局，很大程度上影响着中、西部地区教育投资的积极性。因此，如何均衡全国和区域间的教育投资比重，如何更好地对人口流动相关政策进行完善，如何增强地方政府对教育投资的积极性就成为加快经济发展的重要问题。

第二节　文献综述

国内外理论界分别对经济增长、人口流动、教育投资等方面的研究已经取得大量成果；部分学者又进一步地对教育投资与经济增长，政府教育投资与区域经济增长，人口流动与经济增长等进行了较为深入的研究，并取得了较为丰富的研究成果。其中，与本书选题密切相关的成果主要集中在六个方面。

一、教育投资与经济增长

对于教育投资与经济增长相关领域的研究，学者们的研究较为广泛，但大多数观点都认为，教育投资对于经济增长具有正向推动作用。何学菊（2013）通过构建向量自回归函数和脉冲响应函数，运用 1979～2010 年期间的时间序列数据，研究了我国政府教育投资对经济增长的动态影响，结果表明，教育投资的经济增长效应大于物质资本投资。袁庆禄（2013）通过建立扩展生产模型并进行实证分析，结论也表明财政性教育投资比固定资产投资更为有效。吴华明（2012）利用我国 1990～2009 年相关数据，以卢卡斯模型为理论依据，以劳动力投入量、人力资本和物质资本投资增长率为解释变量，对经济增长中人力资本投资贡献率进行了测算，认为我国物质资本和人力资本新增投资对经济的贡献没有大的差异，但人力资本投资的效率远远高于物质资本的投资效率。严成樑（2011）根据我国 31 个省（自治区、市）1998～2007 年的数据，分析了资本投入对我国人均实际产出以及经济增长的影响，估算了我国总量的生产函数以及资本投资的回报率，并将全要素生产率内生化。认为物质资本投资、教育投资对我国人均实际产出以及经济增长具有显著的促进作用。姜颖、宋玉霞、刘根节（2009）采用菲德模型分析了我国教

3

育投资对经济增长的影响，认为我国教育对经济增长的作用效果已超越了一般工业化国家的水平，但与经济发达国家比较仍然存在很大差距。钱晓蕾、拉塞尔·斯密斯（Russell Smysth）、王秦（2008）运用变化产出函数对我国教育在20世纪90年代对中国经济增长的影响进行了研究。认为人力资本投资的增加对中国经济的增长起到了显著的作用。张宏霞（2009）运用回归模型对1990~2006年期间财政教育投资和GDP数据进行了分析，认为财政教育投资是影响我国经济波动的重要原因。

还有部分学者从不同相关因素角度研究了教育投资和经济增长的关系。王玺、张勇（2013）通过建立实证模型，研究了不同教育投入机制对经济增长的具体影响，认为虽然经济发展初期人力资本贡献显著低于简单劳动和物质资本贡献，但是随着经济发展人力资本投资对中国经济增长的贡献也更趋显著。陆铭、陈钊、万广华（2005）结合联立方程模型和分布滞后模型，研究了收入差距、投资、教育和经济增长的相互影响。结果表明，从长期来看，物质资本投资对于经济增长的作用超过了教育投资。冯莉（2013）通过具体数据分析了我国的教育投资水平与经济增长关系，认为我国教育投资呈现出了城乡差距和区域差距加大的倾向。邱伟华、景瑞琴（2007）运用一个包含物质资本与人力资本积累的世代交叠模型，研究了不同的教育体系对经济增长的影响。认为在公立教育体系下，最优的教育投资水平高于私立教育体系，在公立教育体系下一个国家将会有更高的经济增长率与更为平等的收入分布。张本飞（2010）根据1978~2008年的相关数据对我国的教育投入与农业产出做了格兰杰因果检验，认为它们之间的因果关系严格依赖于所包含的滞后期的个数，当滞后年数小于或等于6时，教育投入与农业产出之间没有因果关系，当滞后年数增加到7时，则存在从教育投入到农业产出的单向因果关系，因而教育投入与农业产出之间的因果关系严格依赖于滞后时期的选择。杨大楷、孙敏（2009）运用协整分析、误差修正模型、脉冲响应函数和方差分解计量分析，对中国公共教育投资与宏观经济结构的关系进行了研究。认为公共教育投资与三次产业总产值均具有长期正向均衡关系，其中对第三产业的正效应最大，三次产业总产值对公共教育投资冲击的长期响应为正，公共教育投资对第二、第三产业总产值增长误差的解释能力强于第一产业，但均不显著。该文指出应拓宽教育投资的融资渠道，提高公共教育投资绩效，优化公共教育投资结构。

然而，郭庆旺、贾俊雪（2009）认为，我国的教育投资对地方经济增长的促进作用并不明显。他们通过构建一个包含基础教育和高等教育的两阶段人力资本积累模型，考察公共教育支出规模、结构和高等教育可获取性对不同教育背景的家庭的人力资本投资行为、熟练和非熟练劳动力的相对供给和相对效率的影响，研究公共教育政策对经济增长和人力资本溢价的影响机制，认为我国地方公共教育投入政策并未充分发挥对地区经济增长的促进作用。李玲（2004）利用静态指标体系计算了我国教育投资对经济增长的贡献率与贡献度，通过建立动态回归模型进一步证明了教育投资对经济增长的贡献水平，从教育投资总量、教育投资结构和教育投资效益三方面详细剖析了教育投资对经济增长低贡献水平的成因，认为造成我国教育投资低效益的主要原因是体制的不健全和管理的不合理。

二、教育投资与收入分配

大多数学者的研究表明，教育投资将对个人收入分配、地区间收入差距和经济发展水平等方面产生影响，而对这些方面影响的结果又反过来进一步影响教育投资。

（一）教育投资将对家庭和个人收入分配产生影响

刘灵芝、黄悦怡、王雅鹏（2013）对我国农村教育投资与教育回报问题进行了研究，并在分析农村居民收入分配与教育投资回报率关系的基础上，提出了三个假说：一是随着收入差距的扩大，家庭对子女教育投资的差距扩大；二是基于这种影响，教育回报率差距也进一步扩大；三是教育回报率差距的扩大，又会加速家庭收入差距扩大。卫龙宝、施晟、刘志斌（2012）利用中国"十省百村"的一手调研数据，从教育收益率和教育外溢性两个维度探讨农村教育与农民收入之间的关系，得出的结论显示，教育对提高农民非农收入的作用大于对农业收入的作用。吴睿、王德祥（2010）选取1985～

2005 年数据，运用理论模型和 OLS 估计方法对我国教育与农村扶贫效率关系进行了实证分析和检验，认为初中及其以上文化水平的农村劳动力可促进农村扶贫效率提高，且中专文化水平的农村劳动力对提高农村扶贫效率的实际贡献值最大，高中文化水平农村劳动力的贡献值次之，并建议国家大力发展农村中专、高中教育，减少收入贫困和能力贫困，有效提高扶贫效率。

然而，部分学者的研究并没有支持上述结论。毛伟、李超、居占杰（2014）通过构建半参数广义可加模型，研究了教育、经济增长和收入不平等对农村贫困产生的影响。结论表明，教育数量显著恶化了贫困状态，但教育质量对贫困的影响不显著；经济增长仍然是主要的减贫手段。刘中文、李录堂（2010）采取问卷和实地调查方法对浙江省农村人力资本投资效率进行分析比较，重点对教育和培训投入与农业收入、非农业收入、劳动力流动性之间的相关性以及这些因素间的关系进行了实证分析，认为只有在经济发达地区教育程度与农业收入、非农业收入才有显著相关性。

（二）教育投资也将对城乡差距、地区差距产生影响

杨晓军（2013）运用 1993～2010 年省际面板数据建立模型并考察农户人力资本投资对城乡收入差距的影响。认为农户人力资本投资与城乡收入差距存在长期均衡关系，从全国层面来看增加农户人力资本投资会扩大城乡收入差距，但随着时间推移，增加农户人力资本投资尤其是教育投资有助于缩小城乡收入差距，从区域层面来看，西部地区农户人力资本投资对城乡收入差距具有正向效应、中部地区教育投资和迁移投资对城乡收入差距具有负向效应、东部地区农户人力资本投资对城乡收入差距具有负向效应，说明经济发展水平越高的地区，增加农户人力资本投资越有助于缩小城乡收入差距。刘洪文（2012）通过数据分析了我国教育发展与经济增长的交互作用，认为目前我国城乡教育投资差距逐渐拉大，地区间教育投资差距仍在扩大，教育资金的使用存在问题。指出在深化教育和经济体制改革的同时，应加大教育投入，改善教育投资结构与教育质量，并改善人力资本，提高人力资本的使用效率。孙勤、陈启珑（2013）运用对江苏省南通市的调查数据，分析了南通市国家教育投资与家庭教育投资在城乡之间的分配差异及其原因。分析表明，城乡居民教育支出水平的高低直接受其收入水平的制约；城市教育支出影响居民的收入变化的速度要快于农村，即城市居民的教育支出在较短时期内就会促进居民收入增加，而农村居民的教育支出则需要较长的时间才会促进居民收入的增加；在教育的投资价格因素上，城市家庭的教育支出要多于农村家庭；从父母受教育程度来看，受教育程度越高的父母对子女进行教育投资的愿意越强。

（三）个人收入、城乡和地区差距又成为影响教育投资的重要因素

孙春、王茜（2009）对我国农村教育投资的影响因素进行了研究，认为农村教育投资总量较低，主要受收入水平、投资风险、投资收益等因素的影响。教育是提高农村人力资本水平的重要途径，而较高的人力资本水平是提高收入水平的重要因素，为此应该采取措施积极鼓励农民进行教育投资。黄乾（2005）通过建立模型分析了 20 世纪 90 年代以来农户教育投资变动的趋势和特点，并重点分析了收入、教育投资的价格、风险和收益率对农户教育投资需求的影响。认为农户教育投资意愿不强的主要原因是教育投资价格偏高，农户收入较低，以及教育投资风险较高和收益率偏低。指出应加大农村的公共教育投资、完善劳动力市场、降低农村教育投资价格，从根本上促进农户教育投资的持续增长。杨利平、宋元梁（2007）以农村家庭投资为基础，以陕西省农村的 10 个样本县农户教育投资为例，通过 Logistic 分析研究影响农村家庭投资意愿的因素。研究表明，子女学习兴趣、家庭人均收入、劳动力最高受教育程度、劳动力身体状况、校途是否安全、未成年子女数量、本地教学质量、国家教育政策以及家庭信贷可获性因素 9 个变量对家庭教育投资意愿有不同程度的影响。指出应促进农民增收，为家庭教育投资提供资金保障；加大信贷支农力度，鼓励和支持农民自发的金融创新；优化基础教育资源，提高农民素质。

沈亚芳等（2013）对我国城乡差异对教育发展的影响进行了研究，在基于面板数据的多元线性回归模型基础上，运用了 Oacaxa-linder 分解技术实证分析和比较了我国城乡发展的显性差异和隐性差异对教育发展的影响。认为居民收入、教育投入等城乡差异的显性特征过度解释了人口受教育水平差异，而城乡居民教育偏好和机会成本差异等因素具有弥合城乡教育水平差距的作用。指出政府有必要对教育投入进行结构性调整，并充分利用城乡教育偏好和机会成本的差异来提高农村居民的教育投资意愿。姚先国、辜晓红（2013）通过筛选理论和数据研究，对我国高等教育投资城乡差异进行了分析，认为由于基础教育与户籍挂钩，再加上城乡之间巨大的收入差距，阻碍了农村学生的高等教育投资，因此简单的学费补贴或者对农村学生降低高考录取分数等政策，难以有效解决高等教育的城乡差异问题。

三、教育投资与效益外应

在教育投资外溢效应方面，部分学者就教育投资的外溢性对经济增长的影响进行了实证研究。周胜、刘正良（2013）认为中国的教育总体上存在外溢效应，但不同教育类型的外溢效应存在较大差异，基础教育有显著的正外溢效应，高等教育却显示出显著的负外溢效应，而职业教育则有不显著的负外溢效应。王文博、刘生元（2001）从总量效应和溢出的效应两方面对教育投资对经济增长的影响做了解释。其研究表明，教育产出每增长1%，非教育部门的产出将增长1.34%的溢出效应；教育支出占GDP的比重每提高1个百分点，GDP将提高6.845个百分点；教育部门的生产率比非教育部门低。乔琳（2013）对中国、巴西、俄罗斯等国的教育投资对经济增长的贡献以及外溢效应进行了研究，研究表明五国的教育投资对经济都有明显的促进作用。

部分学者还对教育投资外溢的区域性差异进行了分析。接玉芹（2012）基于我国2001~2009年的省际面板数据，采用部分变系数面板数据模型来检验教育投资的外溢作用，认为我国整体教育投资对经济发展的外溢作用系数是0.23，低于国际水平，而东、中、西三大地区则分别是-3.10，1.01和0.27。刘国余（2014）以菲德模型为基础，使用我国1996~2012年31个省份的面板数据进行了估计，认为无论是对数据进行综合估计还是分东、中、西三个区域分别回归，教育的外溢效应都很大。其中，中部地区教育的外溢效应最大，东部最小。认为弥补教育外溢性导致的教育供给和需求不足，需要政府有序、平稳梯度式增加教育投入，并对学生和学校进行"补贴"，以使教育外溢性得到最大释放。李彦西（2007）运用菲德模型，对贵州省高等教育投融资外溢效应进行了研究，并以此为例，对欠发达、欠开发地区高等教育投融资的直接作用和外溢作用进行估计，认为投融资的外溢效应并不明显，导致出现高等教育投资效益流失、高等教育对区内经济增长的贡献率处于低位阶段、高等教育部门的生产力低和高等教育投资成本分担机制缺损。指出应多角度地完善高等教育投融资的成本补偿机制，实行激励性规制，优化融资结构。

此外，还有部分学者分别就教育投资对于地方政府投资行为、收入分配、劳动力供给等方面的影响进行了研究。宗晓华（2009）运用多任务代理框架构建理论模型，对我国教育投资的多任务代理、财政外溢与地方公共服务提供的问题进行研究，认为地方政府忽视了产出不易测量的文教卫生等社会民生类公共服务的提供，在人口大规模迁移使得教育支出具有显著财政外溢情况下，地方政府会更进一步削减教育支出，并使教育成本向居民转嫁。指出未来的政策调整方向应淡化地方政府经济活动激励的同时，加大对社会民生类公共服务的激励强度，并增加对具有财政外溢项目的专项转移支付，使其经费负担主体逐步上移。孟祥财、叶阿忠（2009）将人力资本外部性和内生劳动力空余决策引入到由宇泽弘文（Uzawa）和卢卡斯（Lucas）构建的分析框架中，采用中国省际面板数据进行分析，探讨了内生劳动力供给、人力资本外部性和可持续性经济增长以及政府的教育政策选择问题的内在关系，认为：第一，家庭养老分配和人力资本外部性会作用于稳态增长率；第二，主观时间偏好越多和休闲意识越强，则稳态增长率将越低，产出弹性和教育投资知识溢出的支出弹性越大，该国的稳态增长率将越高，反之亦然；第三，政府可以选择进行一次性输出税收或教育补贴以刺激私人劳动供给和人力资本投资的调整，从而使分散的经济能够被引向可持续的最佳增长状态。

四、教育投资与区域经济

在此领域的研究成果，可分为三个方面：

一是对教育投资与区域经济增长的基本理论研究。祝树金、虢娟（2008）

阐述了教育支出对经济增长的作用机理，并对开放条件下教育投资效益溢出与经济增长的关系进行了分析。结果表明，教育支出对地区经济增长有显著的正向作用。李敏（2014）从教育投资规模、教育投资质量和教育投资公平度三个方面选取反映中国教育投资状况的指标，对我国区域性教育投资对经济增长的动态影响进行了研究。认为教育投资规模和教育投资质量对区域经济增长均有显著影响。其对于经济增长的作用在经济发展的过程中表现为先弱、后强、最后稍有降低的趋势。沈百福、俞诗秋（1994）首次提出教育经济区域概念，并运用灰色聚类方法进行中国教育经济区域划分，提出了建立评价我国地方教育投资比例合理性的微宏分析系统设想。郑磊（2008）验证了我国财政分权、政府竞争对省级政府教育支出的影响。研究表明，以 GDP 为标准对地方官员考核、晋升的机制导致地方之间的竞争，这种竞争和财政分权结合，对地方政府的教育支出产生显著的负面影响。研究还发现，转移支付比重过高会扭曲地方政府支出行为，并对提高教育支出比重产生显著的负影响。

　　二是以地方或区域为研究对象，研究教育投资与其经济增长的关系。吴玉鸣、李建霞（2002）运用因子分析法对我国 31 个省级区域教育竞争力影响因素作了综合评估，认为省级行政区域整体教育竞争力水平不高，教育竞争力平均得分以下的省区所占比重大，省级区域教育竞争力具有明显的东—中—西阶梯分布特征，差距较大，且教育竞争力较强的区域，经济发展水平较高。李生滨（2009）通过构建区域教育投资模型，对我国各区域 1998～2004 年相关数据进行了研究，认为区域教育投资增长率与初始教育投资的对数呈负相关，而与地区生产总值增长率、财政教育经费增长率正相关，说明 1998 年以后，受到西部大开发政策驱动以及投资体制变迁等因素的影响，我国地区间的教育投资差距正在缩小。陈浩、薛声家（2004）根据 1980～2000 年时间序列数据，测算了东、中、西部三大区域的教育生产函数，发现东部地区的经济增长方式属于以固定资产投入为基础的物质推动型，西部地区教育投入对经济增长的贡献大大超过东部地区，为加大西部地区的教育投入，转变经济增长方式，提高经济增长质量提供了理论依据。王鉴（2002）对西部民族地区的教育投资问题进行了研究，认为西部民族地区的教育发展水平与东部和全国平均水平相比，都存在着明显差距，应进一步强化政府的教育主体责任、促进民族教育与区域经济协调发展。吴玉鸣、李建霞（2004）采用因子分析、相关分析、回归和格兰杰因果分析等方法，对各省教育竞争力与经济竞争力的关系和相关程度进行了综合分析和评估，指出教育竞争力与经济竞争力密切关联。

三是针对具体行政区域教育投资与其经济增长的关系进行了研究。钟无涯（2014）基于北京市、上海市和广东省三地的面板数据，采用修正的新古典经济增长模型，在协整基础上运用格兰杰因果检验等方法对教育投入与经济增长进行比较分析，发现北京市的教育投入对经济增长效应不显著，上海市、广东省教育投入与经济增长均存在双向格兰杰因果关系，而广东省教育投入对经济增长具有持续显著的高正向激励。认为资源高聚集区域的教育投入适度转移，能提高教育投入对经济增长贡献；教育发展程度较低区域的教育投入具有更加显著和持久的增长驱动力。聂丽洁、周浩波、穆霄（2008）通过人力资本溢出模型结合教育年限法，定量测算了全国和陕西省客观反映教育投资的人力资本积累、资本、普通劳动力三个生产要素对经济增长的产出弹性，认为我国政府教育投资与经济增长之间存在较强相关性，但陕西省作为高等教育大省与全国相比，政府教育投资对经济的拉动作用并没有充分发挥。唐祥来（2008）对江苏省的教育发展与地区经济增长关系进行了实证分析，认为教育投资与经济增长之间存在地区结构差异，其中高等教育对苏南地区经济增长的促进作用比苏中地区和苏北地区更为明显，而后两个地区的中等教育和初等教育对其经济增长的效应显著。

五、政府教育投资

除以上成果外，明确以政府为教育投资主体的相关研究主要集中在教育投资比例和水平、教育投资结构和教育投资绩效三个方面。

（一）教育投资比例和水平

罗伟卿（2011）通过构建理论模型，并用 1996~2007 年的地级面板数据和 1985 ~ 2007 年的省际面板数据进行实证检验，结论显示财政分权会减少教育供给，这种现象在省级层面更为严重，而在地级层面并不显著。马海涛、楚晓琳（2012）从经济、效率、效益和公平等四个角度分析财政对教育支出的绩效。从经济角度看，我国财政对教育的支出逐年增加，但在世界上还处于较低的水平；从效率角度看，我国在三级教育结构中，培养高等教育人才与培养初等教育的人相比，培养成本呈下降趋势；从效益角度看，近年来，社会对我国教育的满意度在下降；从公平角度看，财政性教育支出对社会公平影响较大，我国在各省市之间的财政性教育支出差别也较大。聂颖、郭艳娇（2011）利用 2000 ~ 2009 年省际面板数据，采用三类数据计量政府教育支出，实证检验了我国财政分权、地方政府竞争和教育财政支出之间的关系。并且根据国家财政性教育经费占 GDP 的比例将样本分成两组分别进行检验，认为这一比例达到 4% 的样本地区教育财政支出与财政分权弱相关，与地方政府竞争显著正相关；而教育财政支出占 GDP 比重没有达到 4% 的样本地区，教育财政支出与财政分权度和地方政府竞争则呈现为显著的负相关关系。此外，他们以辽宁省财政和社会发展的数据为基础，对地方政府教育支出的影响因素进行研究。认为地方经济竞争力、城镇化水平以及财政支出压力对地方政府教育支出有着较为显著的影响，其中城镇化水平的变化对地方政府财政支出结构以及教育支出的影响具有长期性，而地方财政的预算约束也是影响地方教育支出水平的主要因素之一。廖楚晖（2004）认为区域间政府教育支出不均衡主要受两大因素的影响，即政府财政规模和国家教育政策的长期目标。他通过对省际政府教育支出规模变动引起的人口受教育水平变化过程的分析，指出政府应调整教育政策目标，加大对经济不发达地区的转移支付力度。

（二）教育投资结构

刘晓凤（2009）基于 Panel Data 模型，对 1997 ~ 2006 年省级教育支出进行了实证分析，认为教育支出在地区之间存在巨大差异，地方政府财政支出对教育支出具有正向的影响。并提出政府部门应该在明确各级政府的教育投入职责的基础上，完善转移支付制度，并着力解决弱势群体的教育投入，实现社会公平。刘蓓蓉、许敬轩（2015）使用我国 31 个省份 2005～2012 年的面板数据，用地方政府对于不同教育类型的拨款比例作为度量地方政府教育支出偏向的指标，对我国地方政府高等教育财政支出结构的影响因素进行实证分析。认为财力充沛的省份有职业教育支出偏向，经济和财政发展较好的省份更倾向于缩小职业教育和本科教育的投入差距；职业教育与高等教育资源差距越大，地方政府越倾向于对职业教育的支出弥补；职业教育需求越大的省份，地方政府也会更偏向职业教育支出。

（三）教育投资绩效

大部分学者认为政府的教育投入对于城乡收入差距产生了影响。陈斌开等（2010）运用 Oaxaca-Blinder 模型，基于 2002 年 CHIP 数据，解释了中国 1981～2001 年全国、城镇和农村居民收入水平与收入分配的演变，分析了政府教育投入对城乡收入差距的影响及其作用机制，认为以城市为主的教育经费投入政策是城乡教育水平差距扩大的决定性因素，而教育水平差异又是影响城乡收入差距最重要的因素。唐晓灵、孙改革（2013）通过对我国 2005～2011 年财政教育投资数据的研究，认为我国居民受教育程度的提高，加快了我国的城市化进程，促进了整体国民经济增长和人民收入水平的提高，特别是农民工资性收入的增长更加明显。刘晓凤（2011）通过对我国财政教育支出绩效的评估，认为我国政府教育支出整体绩效不理想，并呈现出下降态势；绩效下降的主要原因是教育资源配置的"二元"结构。杨丽丽、朱卫东（2014）利用 DEA-Tobit 两阶段分析框架以安徽省 16 市数据为例，研究了省级以下地方政府公共教育支出的效率及其影响因素，结论显示，该省教育支出效率呈现规模递减趋势；人口密度与教育支出效率正相关，但财政分权程度、人均教育支出水平等与教育支出效率负相关。

此外，有些学者还对我国政府教育投入与国外进行了多方面的比较研究。尹栾玉、王磊（2010）对日本公共教育支出结构的特征进行了研究，并以此提出我国公共教育可借鉴之处。认为我国除扩大公共教育支出总体规模外，也应强调公共教育支出层级结构的合理性；同时由于各地区之间财政收入存在较大差距，应由中央政府加大教育投入。李慧（2008）通过对世界部分国家财政教育经费及占 GDP 的比例和教育拨款的增长与财政经常性收入增长的比较，对我国财政教育投资的相对量进行了分析，认为各级财政支出中教育经费所占的比例明显不足，虽然在进入 20 世纪 90 年代后增长比较快，但从相对量指标来看，与世界其他国家相比、与我国社会经济发展对教育的要求相比，仍有一些差距。在高等教育投资方面，毛建军、高杰（2010）对国内外高等教育投入进行了比较研究，认为我国政府对高等教育的绝对投资规模不断扩大，相对规模仍维持在较低水平。并指出应拓宽高等教育投入渠道、优化高等教育投入结构、加强高等教育投入管理。陈工、许琳（2007）对中、美高等教育投资来源结构进行了比较并提出建议，认为我国虽然已经初步形成了多元化投资高等教育的格局，但还存在由于教育经费不足导致高等教育质量的下降等诸多问题，指出应提高财政对高等教育投资的比例，降低高等教育收费标准，拓展其他投资渠道。陈绵水、施文艺、付剑茹（2009）通过研究美国高等教育投入体制，比较了中、美两国教育经费来源的异同，并提出了借鉴依据，认为中、美的高等教育投入体制存在较大差异，政府应加大对高等教育的投入，建立高校募款机制，确定合理的收费标准，完善助学贷款体系，并提高学校自主创收能力。

六、人口流动与经济增长

部分学者认为，人口流动对于区域经济增长和差异产生了重要影响。吴慈生（2006）基于新经济增长理论，构建了区域人力资本流动与经济增长模型，分析了人力资本对区域经济增长的关系，认为人力资本对经济增长影响巨大，要实现区域的集约性经济增长，就需要相应制定区域性人力资源开发政策，提高区域的人力资本存量。段平忠，刘传江（2005）通过建立人口流动与经济增长计量模型及实证分析指出：人口流动的地区差距与经济增长的地区差距高度相关。郑丽琳（2007）利用灰色关联分析法分析了各地区人力资本流动与当地人均 GDP 的关联程度，测算了东、中、西三大区域人力资本流动对区域经济增长的流入、流出以及综合影响系数，并认为人力资本流动对东部地区经济增长的影响呈上升趋势，而对中、西部地区经济增长的影响呈下降趋势，人力资本区域流动拉大了区域经济发展的差距。

有些学者还对这种影响的量度进行了分析。李杰（2014）以巴罗和萨拉·伊·马丁（Barro & Sala-i-Martin，2004）的收敛假说为理论基础，利用面板模型研究了人口流动对我国经济增长的影响。结果显示，在 2005～2012 年间，全国各地人均 GDP 的差距不断缩小，地区间经济增长日趋均衡，经济增长的收敛速度为 1.95%，半程收敛时间为 36 年，在加入人口变量之后，收敛方程的收敛系数有了明显的变化，经济增长的收敛速度由 1.95% 变成了 2.21%，半程收敛的时间减少为 31 年。说明人口流动对各省经济的均衡增长具有积极作用。段平忠（2007）引入了一个包含异质型流动人口变量的函数，基于 1985～1990 年的数据对我国流动人口素质对地区经济增长的影响进行了分地区研究，指出：在此期间流动人口的人力资本为我国增加了近 73 亿元的国民生产总值，极大地促进了东部和西部地区的经济增长，但对中部地区的经济增长则产生了消极的影响。

一部分学者还对特定区域的人口流动与经济增长关系进行了研究。高端君、彭佳林、李孜（2015）基于人口流动规模持续扩大的经济现象，借助向量自回归模型（VAR）分析了重庆市人口流动与经济增长的关系。认为人口流动与经济增长之间存在较强的相关关系，在滞后期内，人口流动能够显著促进经济发展，经济发展对人口流动也存在显著的推动作用，并指出应积极引导人口流动趋势，实现流动人口与经济发展相匹配。李晓阳、林恬竹、张琦（2015）基于经济收敛模型及其衍生模型，选取 2000～2013 年面板数据，也对重庆市及其五大功能区人口流动对其经济增长的影响进行了分析。研究表明：重庆市人口流动与经济增长之间存在互动，且相互抑制；经济增长对人口流动的抑制明显小于人口流动对经济增长的抑制；人口稠密的地区靠投资拉动经济增长，而人口稀疏的地区则靠人口流动推动经济增长。认为政府有必要对人口流动进行合理调控与适度监管，实现经济的可持续增长。

但是，也有部分学者认为人口流动并不必然对经济增长产生影响。吴培冠（2009）以马尔可夫链为基础，运用回归分析方法分析了 2000～2005 年的数据，认为人力资本的流动虽然对我国区域经济增长差异起到一定的缓和作用，但影响力度十分有限。并指出人力资本流动方向不完全合理，人才的配置并未达到最佳利用率，应实施人才战略调迁，重视人力资本利用，建立完善的人力资本劳动市场，加强人力资本培训工作。杜小敏（2010）运用面板数据模型分析了我国人口流动对各省经济的影响。认为人口流动对我国经济整体来说是一种帕累托改善；但对于绝大部分中部地区和部分西部地区而言，由于大量人口流出而引起的人力资本流失而对其经济增长的负面影响开始显现。刘伟、张鹏飞、郭锐欣（2014）将人力资本跨部门流动引入到宇泽 – 卢卡斯（Uzawa-Lucas）模型，指出人力资本持续不断地从物质生产部门转移到教育部门一定可以加快人力资本的积累速度，然而快速的人力资本积累不一定都能促进经济增长、也不一定都能提升社会的整体福利水平，认为政府发展教育的规模和速度应当和经济发展阶段相适宜。杨莉莉、邵帅（2014）基于人力资本跨区域流动的条件，构建了一个以资源开发和输出为导向的区域经济三部门内生增长模型，分析了人力资本外流对资源型区域经济增长的影响，认为人力资本流出降低了政府进行人力资本积累的积极性，这将增加资源型区域发生资源诅咒效应的风险，但如果有足够大的生产要素替代弹性则可有效规避资源诅咒。

七、文献简评

可以看出，教育投资对经济增长的影响是学术界关注的重点问题，众多学者通过运用不同的数量模型、从不同的角度对教育投资与经济增长问题进行了深入的研究，其结论也较为一致，普遍认为教育投资对经济增长有显著影响，但也指出了目前我国教育投资力度不足、结构不合理等问题，并提出应加大教育投资力度、完善教育结构、拓宽教育投资渠道等建议。笔者认为，教育投资对经济增长的影响是衡量教育投资效率的重要指标，但不能片面评价，国家教育投资力度是否足够尚且不论，仅在目前我国教育投资结构不合理、配置效率低的现状下，讨论国家教育投资力度、教育投资的经济效率等问题并不能有很强的说服力。

在教育投资与地方经济增长关系方面的研究成果主要集中在对于特定省份的研究、对于各行政区划的研究以及对于东、中、西三大经济地带的研究，普遍认为教育投资与地方经济增长正相关，尤其是地区间经济差距首先表现为教育投入的差距，但也有学者认为，由于多种因素的影响，地方教育投资没能有效促进地方经济增长。

教育外溢性是检验教育投资效率的重要手段，学者们通过构建模型，对我国教育投资的外溢性进行了研究，普遍认为我国存在显著教育外溢情况，并指出该情况导致政府进一步削减存在外溢效应的教育投资，会严重影响我国教育水平的提高。学者们提出，政府应以有序、平稳和梯度式的增加教育投入，多角度完善高等教育投融资的成本补偿机制，实行激励性规制，优化融资结构等建议。

城乡二元化是我国各界关注的热点问题之一，该现象表现在各个方面，相互关联并影响。学者通过对城乡教育投资的差异进行深入的研究，分析了我国城乡二元化存在的一些问题，普遍认为城乡教育水平差距过大、导致收入差距拉大、农村教育资源滞后，并指出应大力发展农村基础教育，缩小城乡收入差距。本书认为，城乡二元化的问题主要在于国家经济发展和城市化水平，教育投资的效率与经济发展水平息息相关，而由于农村教育资源的严重滞后，其教育水平的提高可为我国带来极为可观的发展。但是，由于各地区经济水平的差异性，不同地区农村教育水平也大有不同，如何更有效地加强不同地区农村的教育水平，如何提高不同地区农村教育投资的效率是我们目前面临的最大难点之一。

学者们对人口流动与经济增长的关系也做了大量研究，普遍认为人口流动与经济增长存在较强的相关关系，并指出政府应适当引导人口流动趋势，调整人口流动方向，并加强地方人力资本培训，完善地方人力资本劳动市场等建议。

综上所述，学术界目前对于教育投资问题的研究已经较为深入，并形成了规范化、系统化理论成果。但以下三个层面的问题仍有待进一步研究：第一，地方政府教育投资将对其经济产生何种影响；第二，人口流动及其产生的教育投资效益外溢如何影响本地和相关区域经济的增长；第三，基于投资效益外溢，政府的教育投资政策该做何调整。目前，仍缺乏对上述问题的系统性研究，即使少数学者分别就其中的一些问题进行了研究，但无论从方法、内容来看，这些研究仍不够完善；尤其是对于省际教育投资外溢问题的研究，缺乏一个相对完整的研究体系；学者们在探讨教育外溢时，很少将地方政府间的互动性考虑在内，而这恰是影响地方政府教育投资的重要因素。改善区域政府间的竞争关系，使教育投资在省际相互促进也是提高区域教育投资效率、加快总体经济发展水平的重要条件。本书也正是基于上述问题进行研究，并力争使相关研究得以完善。

第三节　研究内容与方法

一、拟解决的关键问题

本书重点研究地方政府教育投资对其经济增长的影响，并从中探究我国地方政府缺乏教育投资积极性的原因，提出促进地方政府教育投资的对策建议。为此，本书具体解决四个主要问题：

第一，我国地方政府的教育投资能否有效促进地方经济增长？人力资本是决定经济增长必不可少的生产要素，教育是积累人力资本的必要途径，教育投资能否最终实现经济增长是学界长期讨论的主题之一。

第二，在开放经济条件下，教育投资的收益——人力资本的地区间流动就成为必然，那么这种流动对地方经济增长产生了什么样的影响？在我国现行教育投资体制下，教育投资的属地性和教育接受者的属人性的差异是否导致投资收益外溢需要更为充分地论证。

第三，地区的人力资本流出，即教育投资收益的空间外溢状况如何，对流出地和流入地的经济增长产生了何种影响？

第四，采取何种对策促进地方政府的教育投入？基于对以上三个问题的研究结论，针对我国人口流动、地方政府教育投资以及教育投资体制存在的问题，提出对策建议是本书研究的重要目的和落脚点。

二、总体研究思路与研究内容

在内容安排上，本书分为七个部分：

第一章，主要介绍本书研究的背景与意义，对相关文献进行回顾，构建研究框架与技术路径，并对研究内容进行总体安排。

第二章，主要是对本书的三个核心范畴，即教育投资、人力资本投资和经济增长的相关概念和理论进行了梳理，并结合内生增长理论对教育与人力资本的关系进行解释，以便为后文深入研究奠定基础。

第三章，主要对我国教育投资、人力资本及人口流动的现状以及存在的问题进行了论述和分析。其中有两个现象令人深思：第一，西部与东部地区的经济差距①虽然较大，但用之于教育支出的比例却远高于东部地区；尽管西部地区对教育是高投入，却是低产出，其人均受教育年限远低于东部。由此引出的问题是：如果增加教育支出能够带来更高的经济增长率，为何出现"经济大省，教育小省"？抑或"增加教育支出能够带来更高经济增长率"的假设并不成立？第二，我国中、西部地区人口大规模流入东部，而且流入人口的人力资本含量（或平均受教育年限）不断提高。这不得不使笔者猜想：第一种现象难道与人口东流有关？由人口流动产生的人力资本转移是否对我国地方政府教育支出的经济增长效应产生了影响，并呈现出了区域特征？

上述问题引出了本书研究的三个假说：第一，在不考虑人口流动前提下，地方政府教育支出对经济增长有积极影响，但在区域间有差异；第二，地方政府教育支出存在空间外溢效应，这种效应会对本地以及其他地区的经济增长产生影响；第三，地方政府教育支出的空间外溢效应主要源于区域间的人口流动，政府教育支出、人口流动对经济增长的影响有显著的区域特征。

为了检验以上三个假说，本书依次给出地方政府教育支出（X）对经济

---

① 众多学者还进一步证明东部地区的经济增长速度快于西部地区，从而使这种差距进一步扩大。

增长（Y）影响的两类模型：基准模型和扩展模型。基准模型解决的是 X 对 Y 影响的基本路径[①]；扩展模型解决的是地方政府教育支出 $X(\cdot)$ 对经济增长的影响，即对地方政府教育支出进行扩展，使之成为受到其他变量影响的变量。本书对地方政府教育支出进行的扩展包括两个方向：空间外溢效应和人口流动效应。

为此，本书安排了三个部分，即第四、第五、第六章进行实证分析。

第四章，是基准分析，主要内容集中在两个方面：一是从全国角度分析地方政府教育支出对其经济增长作用的方向和程度；二是分析地方政府教育支出对经济增长影响的区域性差异。

第五章，是在第四章基础上，分析在教育投资效益产生空间外溢情况下，我国地方政府教育支出对本地经济增长的影响，以及周边地区政府教育支出对本地经济增长的影响。本章将空间计量经济模型，尤其是空间面板 Durbin 模型引入并作为分析的实证模型，构建了包含地方政府教育支出及其空间外溢变量的空间计量模型；在空间权重矩阵选取上，采用基于相邻矩阵和基于距离矩阵两种形式。本章研究在本书中具有奠基和中继性质。换言之，教育支出的空间外溢既是人口流动影响地区经济增长的原因，也是人口流动产生的结果。

第六章，分析的重点是：在人口流动引起人力资本流动的背景下地方政府教育支出对地区经济增长的影响。教育投资效益空间外溢的重要途径是人口流动，即一地的人口经过本地的教育后流动至另一个地区，从而使教育投资地与投资效益产生地发生分离，因此本章将人口流动因素纳入经济增长模型中进行讨论。本章采用流入人口与本地户籍人口之比来测度人口流动；将样本划分为全样本、东部区域、中部区域和西部区域；通过人口流动、地方政府教育支出及其交互项考察对区域经济增长的影响。

第七章，是在对上述各章研究结论进行梳理的基础上，提出促进我国地方政府教育投入的对策和建议。

具体研究线路如图 1-1 所示。

---

① 从统计学角度讲，就是求解地方政府教育支出对经济增长的偏微分。

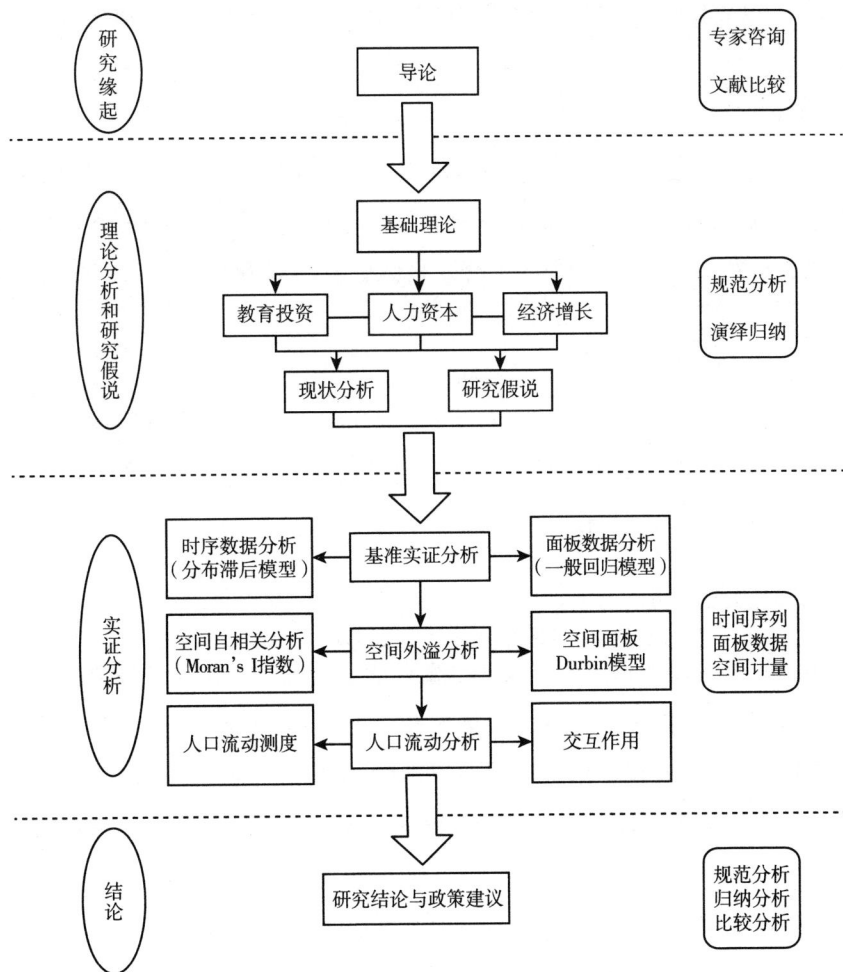

图1-1 研究路线

三、研究方法与数据说明

(一) 研究方法

针对上述问题，本书使用的研究方法主要包括：

(1) 文献研究法。通过大量查阅中外有关教育投资、人口流动、区域经济发展的文献，对现有研究进行分析和述评。

（2）规范分析法。通过对我国教育投资相关问题的分析，研究其现状和影响因素，并对我国地方政府教育投资空间理论模型、人力资本投资和经济增长进行分析。

（3）实证分析法。在规范分析的基础上，运用计量方法，对我国地方政府教育投资与区域经济增长的关系进行实证分析。通过时间序列和面板数据的搜集，运用经济模型，研究和论证我国各省份教育投资与其经济增长的关系。

（4）空间计量分析方法。本书借助于邻近矩阵和距离矩阵，考虑我国地方政府间的地理位置，研究在人口流动的前提下，我国地方教育投资与地方经济增长的关系，分析我国地方政府教育投资效益外溢以及对当地经济及其邻近区域经济增长的影响。

（二）数据说明

本书收集整理了我国及省级多个变量的宏观数据，包括经济数据、人口数据、地理数据等，其数据来源主要包括《中国统计年鉴》《中国教育统计年鉴》《中国教育经费统计年鉴》《中国区域经济统计年鉴》《全国暂住人口统计资料》《中国交通地图册》，以及各省统计年鉴等，并对已有文献数据整理所得。

在经济数据的处理上，考虑到全国及各地区物价波动差异，以 2003 年为基期，采用 GDP 平减指数、固定资产投资指数、消费者物价指数（CPI）等对各变量进行平减，以消除通货膨胀的影响。在人口数据的处理上，采用两种统计口径，在计算"人均"及平均受教育年限时，采用了常住人口数据，而在测算人口流动时采用的户籍人口数据。在处理地理数据时，假定了海南省与广东省具有共同边界，且由于海南省与其他省份之间的公路和铁路数据缺失，在设定距离矩阵时，采用了海口市距离其他省份省会城市间基于经纬度计算的空间距离。

另外，部分数据直接借用了现有研究的成果，例如，我国的市场化指数，主要参考了樊纲等（2003）发布的我国市场化指数报告。

第四节　研究创新点与研究不足

一、主要创新点

本书基于内生增长理论，实证考察了我国的教育、人力资本对区域经济增长的影响，解释了我国地方政府教育财政支出行为。本书研究的创新点主要表现在三个方面：

（1）在分析地方教育投资对地方经济增长的影响时引入了人力资本流动因素，并得出结论：由于人口流动使得东部地区较之中、西部地区政府教育支出对经济增长的贡献更为显著。地方政府在地区间的 GDP 标尺竞争中，倾向于那些能带来即时 GDP 的物质资本投资，而忽视那些不能带来即时 GDP 的文、教、科、卫等人力资本投资。本书从一个全新的视角给予了解释：人力资本流动带来的教育空间外溢，降低了地方政府教育支出对经济增长的促进效应，使得地方政府的教育支出倾向不明显。

（2）在方法上，采用空间面板 Durbin 模型分析教育支出与区域经济增长的空间效应，并得出结论：对一特定地区的经济增长而言，其他地区的政府教育支出对其有显著的促进作用，该作用甚至大于该地政府教育支出对经济增长的作用效果。区域经济学和空间经济学理论指出，经济变量在空间存在联动关系，现有理论模型中，外溢模型、竞争模型、资源流动模型、引力模型等理论模型都从不同视角描述经济互动和集群特征。如何设定实证模型、采用何种方法估计空间模型就成了一大问题。现有空间计量模型大体包括空间误差模型、空间滞后模型和空间 Durbin 模型，空间 Durbin 模型综合了前两类模型，是最为理想的分析工具，但由于估计的复杂性被较少运用，本书采用了埃尔霍斯特（P. J. Elhorst，2010）给出的 Matlab 程序对空间面板 Durbin 模型进行了科学估计。并用 Moran's I 指数描述了经济增长、教育支出的空间集群特征。

（3）在对策中，提出了建立"教育调节基金"的设想，将基金定位为三大功能，即扶持、补偿和激励；同时提出了保证教育投入的政府教育支出增长路线图。

二、研究不足

本书研究的不足之处主要体现在，没能深入研究不同教育层次的政府支出增长效应。内生增长理论及经典增长理论都指出，人力资本对经济增长有积极的贡献，但人力资本的积累程度有一定差异。一般地，受教育年限越长，人力资本存量越大，对经济增长的贡献就越大。我国现有的法律和相关文件对各层次教育的政府支出责任并没有硬性指标规定，中央和地方政府在各层次教育上的支出责任也不甚明确，致使某一层次教育中既有中央的教育支出，也有省级甚至市县的支出，这些不同层级政府对各层次教育的财政支出数据虽然在现有的《中国统计年鉴》和《中国教育经费统计年鉴》中都有涉及，但要准确厘清省级政府的教育支出较为困难，因此，本书对各层次教育支出的增长效应没有深入讨论，这也是本书的不足，同时也是未来研究的一个重要方向。

第二章 教育、人力资本与经济增长基础理论

　　教育是人力资本形成的最基本、最主要的途径；教育投资所产生的投资和消费需求将对即期经济产生一定的拉动作用；尤其是由教育投资产生的人力资本将为经济的稳步和可持续增长奠定坚实基础；但劳动力作为教育的对象、人力资源的载体，其区域间的流动改变了教育投资对经济增长产生效应的空间分布。

第一节　教育投资理论

一、关于教育的基本观点

　　教育，一般是指在一定的社会条件下，依据社会的需要有目的、有计划地对国民进行智力和体力开发的活动。相对于古代教育，现代教育是与经济、现代科技紧密相关的，对现代生产发挥重大影响作用的公共服务。

　　现代教育可分为狭义教育和广义教育。狭义的教育是指学校的正规教育，即由正规教育机构对相关人员在学校进行的一定时间的系统性教育。其中又可以分为初等教育、中等教育和高等教育三个级次。广义的教育不仅包括学校的正规教育，还包括家庭教育、短期的培训、"干中学"等教育形式。但学校的正规教育始终是一个国家教育体系中最基本、最主要的组成部分。

对于教育的重要性，经济学家们早有认识。亚当·斯密（Adam Smith）认为，人民所受的教育越多，所受狂热和迷信的诱惑就越小，就越有利于提高社会的精神文明程度，从而为经济增长提供更好的环境。他认为，如果只是想从事体力劳动或低技能劳动，大部分人都有时间在从事职业之前，掌握一些诸如朗读、书写及算术等基本技能；而政府只要以较少的费用，就能够使几乎全体人民获得这种最基本的教育①。斯密的这种论述，不仅关注教育在微观层面的重要性，即教育对于劳动者个人而言，是其从事社会生产劳动最基本的前提条件，同时，斯密还特别重视教育在宏观层面的作用，即通过教育，可以普遍提高国民的素质，从而使整个社会秩序和生活环境得到改善和提高，因此，斯密认为国家对教育进行投资是必要的。

随着社会经济的发展，尤其是科学技术发展对经济增长极大的促进作用，使各个国家甚至地方政府都认识到经济增长的根本动力来自包括技术、管理在内的一系列创新，而这些创新又都源自教育。因此，世界各国都将教育作为立国之本、强国之策。

二、教育投资与教育支出

教育投资，是国家、社会组织或个人等根据其发展需要，投入教育领域中的人力，物力和财力的总和。"教育支出"是与"教育投资"相近的概念，二者是同一个范畴的两个方面。前者注重的是支出的主体性，但后者强调的是支出的目的性；前者关注支出的内容，而后者更关注这种支出形成的结果。在本书中将根据需要采用，如无特别说明则视为同义词。

马克思指出：人的劳动能力是在社会实践活动中获得的，随着科学技术和生产力的发展，劳动者必须掌握一定的科学知识和技能。这时，接受教育和培训，不仅是提高社会生产力的有效方法，而且是造就人才全面发展的唯一方法②。同时，马克思认为，社会再生产直接体现了教育的经济价值，这种

---

① 亚当·斯密：《国民财富的性质和原因的研究（下卷）》，商务印书馆1994年版。
② 《马克思恩格斯全集（第23卷）》，人民出版社1972年版，第530页。

价值的主要表现是：教育使一般劳动力成为有专业技能的劳动力，并且扩大了社会再生产；马克思还指出，教育这种劳动比普通劳动需要更高的成本，因此具有更大的价值。[①]

亚当·斯密等古典经济学家认为教育和培训有助于资本的形成。斯密指出，要学习一种才能，就必须接受教育，就必须有较大规模的投入；通过教育的投资使学习者获得才能，这不仅形成了他个人的财产，也成为社会财产的一部分，因此，政府有必要进行教育投入。由此可以看出，斯密已经透露出最原始的教育投资思想。

19 世纪，以雷里昂·瓦尔拉斯（L. Walras）等为代表的新古典经济学家进一步发展了教育投资的思想。瓦尔拉斯在其《纯粹政治经济学纲要》中，论述了教育和科学带来的技术进步以及对国民经济的影响；19 世纪 40 年代，李斯特（F. Liszt）提出了"物质资本"和"精神资本"概念，认为前人的一切发现、发明、改进等方面的积累形成了现代人类的精神资本[②]。实际上，他所提出的"精神资本"就是智力方面的成果的积累，也就是我们现在所说的教育成果。尽管李斯特并没有明确提出教育投资，但已经体现出了对教育投入的重视，并且他认为教育应该是一个国家最大部分的支出。20 世纪初，马歇尔（A. Marshall）在其《经济学原理》一书中，首次对教育投资及其经济价值进行了论述，并明确指出，教育应作为国家的投资。此外，马歇尔尽管没有对教育投资的回报率进行精确的定量分析，但是已经认为教育投资的回报率是非常高的。

20 世纪 60 年代，舒尔茨（Theodore W. Schultz）出版了《论人力资本投资》一书，他不仅对通过教育得到提高的人的能力在经济增长中的作用进行了阐释，而且将"成本—效益"等定量分析方法引入到了教育投资分析和管理中，为从定量的角度对教育投资进行分析提供了一种新的方法，弥补了马歇尔对教育投资回报率无法进行定量分析的不足，从而实现了方法论上的一个突破；而且运用这种方法，他对多个国家的人力投资与物质投资收益率进

---

① 《马克思恩格斯全集（第 23 卷）》，人民出版社 1972 年版，第 223 页。
② 李斯特：《政治经济学的国民体系》，商务印书馆 1961 年版，第 125 页。

行了比较分析，证明人力投资收益率大于物质资本投资收益率，因此，他提出，政府投资的重点应由物质资本投资转向人力资本投资，并使教育投资增长速度快于物质资本投资。因此，有学者将这本著作的出版称之为"经济学的一场革命"，并将其作为人力资本理论正式确立的标志。

三、政府教育支出

（一）政府分级与分权

按照现代经济学的观点，一个国家的政府之所以存在是因为需要政府提供私人不能或不愿提供的公共商品，以满足全社会的公共需求。然而，基于公共需求的多样性和多层次性，如果不建立多层次的政治管理体系和财力保障体系，就不能有效率地提供公共商品。因此，政府分级依据是满足有效率提供公共商品的需要。

然而，一国政府分级的状态决定于该国疆土、人口、历史以及政治制度等因素。就我国而言，目前分为中央、省、市、县、乡五级政府。其中，除中央政府外，其他四级政府统称地方政府。但依据研究需要，在本书中，地方政府特指省级政府。

政府分级的核心是政府事权在政府间的划分。事权，是指某些行为主体在从事某种事务中被赋予的权力以及应当具有的职责。政府事权则是政府在提供公共商品或从事公共事务中由法律赋予的公共权力和职责。由于一个国家的公共事务具有多样性和复杂性，同时不同国家的公共事务又存在较大差异，因此政府事权也呈现出多样性特征。但总体来看，一个国家的公共事务主要集中在五大方面：国防、国家行政管理、事业发展（如科学、教育、卫生、体育、环保以及社会保障等）、经济建设、法律体系建设。一般地，一国政府都会被赋予处理这些国家事务的权力，因此政府的事权也主要体现在这五个方面。

与政府事权密切相关的最主要的权力之一是财权。财权是政府被赋予的组织财政收入并依据履行政府事权的需要安排财政支出的权力。为了保障政府及时有效地行使政府事权,一般都要求政府事权与财权相匹配①。这意味着,当政府行使处理某一公共事务(如果发展教育)的权力时,同时具有支配相应财力的权力。

因此,为了保证政府及时、有效地提供公共商品、处理公共事务,就要在政府分级的基础上,将政府的事权在各级政府间进行合理划分,并依据事权与财权相匹配的原则配置相应的财权。

(二) 财政管理体制

财政管理体制是划分各部门、各级政府间事权和财政收支的制度总称。目前,在世界通用多种财政管理体制模式。但在我国主要采用过三种模式:

(1) 20 世纪 70 年代及以前实行的统收统支体制。这种体制主要特点是所有收入归中央,支出由中央统一安排,地方政府收支不挂钩,没有明显的地方利益。

(2) 1980～1993 年实行的"收入包干"体制。这种体制的特点是中央以地方的收入总额为依据划分收入②,地方交足收入后,支出由地方安排。该体制有显著的地方利益特色,有利于调动地方积极性。

(3) 1994 年至今实行的"分税制"。该体制是在统一划分事权的基础上,通过对税种的划分形成中央和地方的收入,地方收入由地方自主安排。在这种体制下,也有显著的地方利益特色,从而能充分调动地方发展本地经济的积极性。但这种体制也将促使地方保护和竞争,尤其是会抑制具有受益外溢性质的事业投入积极性,如教育、环保、省际交通等。

(三) 政府教育支出

政府教育支出,是指各级政府为了保证社会经济的长期稳定发展,用于各项教育事业的拨款总和。依据我国行政层级划分和财政体制安排,我国省

---

① 严格意义上,政府事权与财权有所不同,尤其是当这两权分离时。但基于现行体制以及事权与财权相匹配的要求,本书将财权统一于政府事权。

② 具体方法有多种,如收入递增包干、总额分成、定额补助等。

级及以下各级政府的教育支出均称为地方政府教育支出①。

目前，学者已达成共识，即教育是一种具有正外部效应的准公共商品。世界各国也将对教育投资作为政府的基本职责而列入政府预算支出。其中还有一些国家还通过立法确定了政府对教育投入的最低水平。在政府分级的国家，对教育的投资一般由中央政府与地方政府共同承担，并列入各自的财政预算支出；各自承担的比例取决于一个国家具体的财政管理体制安排。

可见，地方政府在教育上的支出安排，是在政府分级以及政府间事权和财权划分的基础上，应由地方履行的基本职责。其中主要包括制定教育发展的相关政策，筹措教育经费并进行合理分配，对教育机构和单位的教育经费使用情况进行监督管理等。

政府教育支出的资金来源主要是国家财政预算。在中国，政府教育支出是由政府依据自身财政状况以及教育支出需要编制财政预算，其中主要包括教育事业费支出、教育基建支出和其他用于教育的经费等。然后通过财政拨款方式投资于教育部门、事业单位和机构，并由后者按照相关法律、制度和预算要求实现支出。

在宏观层面，政府教育支出将会对国民经济增长产生积极推动作用。政府教育支出对经济的推动效应表现在两个方面。第一，政府教育支出是社会投资和消费的重要组成部分，而且政府教育支出通过对相关产业的拉动和乘数效应将直接或间接地对宏观经济产生推动作用；第二，从长期效应看，政府教育支出能够大大增强劳动力的创新能力、工作和管理能力，从而推动科学技术的进步和社会劳动生产率的提高，增强国民经济持续增长的动力。

但是，与物质投资相比，政府教育支出对社会经济的影响有其特殊性。政府教育支出存在正向的教育溢出性、滞后性特点。政府教育支出的溢出性表现为劳动者经过教育或培训后，其综合素质以及科学知识的接受能力均得到提高，而这些劳动者又会直接或间接地影响其他劳动者，进而提升经济增长速度、促进社会健康发展。教育支出对经济增长的影响虽然没有物质投资那样及时和显著，但由其产生的教育溢出效应必将推动人力资本和科技进步，

---

① 在本书中，基于数据来源和统计口径考虑，如无特别说明，特指省级政府。

可以长期地、显著地促进经济增长。

政府教育支出对经济增长的影响的滞后性表现在两个方面：一方面，政府教育支出是各地区、各部门的政府拨款，要把拨款转化为教育的成果，要经历较长的周期；另一方面，由教育产生的更高水平的人力资本及其创造能力作用于经济并促使其增长还需要较长的过程。这意味着当期的财政教育支出需要在未来几年甚至十几年之后才能真正对经济增长产生作用。

实现政府教育支出效率的关键是优化政府教育支出结构。政府教育支出结构是指既定政府教育支出中各类教育支出的构成或比例关系。政府职能、国家的相关政策和措施等对政府教育支出的重点和结构，产生着决定性影响，尤其是政府教育支出结构的区域结构、层级结构以及城乡结构等。在政府教育支出总规模一定的前提下，优化教育支出结构将能提升教育支出效率，使既定教育资金产生更大效果。优化政府教育支出结构，提高教育资金使用效率一直是国家或各级政府追求的目标，也是本书研究的主要内容之一。

第二节　人力资本投资理论

古典经济学派的代表人物斯密强调资本的生产性，认为资本是一种创造财富的能力[1]；重商主义者杜尔哥认为资本是积累起来的价值[2]；新古典学派的代表人物马歇尔认为，从个人角度看资本是期望获得收入的那部分财产，从社会角度看资本是生产收入的收入[3]；新古典综合派代表人物萨缪尔森认为，资本是在再生产中被进一步作为生产性投入的物品[4]。可以看出，这些经济学家都把资本等同于积累或生产的物品，是典型的"物质"资本观。这种资本观在相当长的一个时期——尤其是工业时代，对人们的社会经济发展观产生了深远影响，并成为以物质资料生产为核心、以物质资本增长为标准的

① 亚当·斯密：《国富论（上卷）》，商务印书馆1972年版，第254页。
② 杜尔哥：《关于财富的形成和分配的考察》，商务印书馆1961年版，第51页。
③ 马歇尔：《经济学原理（上卷）》，商务印书馆1964年版，第15页。
④ 萨缪尔森：《经济学（中册）》，商务印书馆1979年版，第306页。

发展观的理论根源。

但马克思认为,资本虽也以物的形式存在,但具体的物并不能称为资本,资本是能够带来剩余价值的价值;并指出,资本具有二重性,即自然属性和社会属性[①],资本不是"物",也不只是一种价值观,而是一种生产关系。

一、人力资本的内涵

人力资本是与物质资本相对应的概念。它是指对劳动力进行教育产生的支出(直接成本)以及因为受教育蒙受的损失(机会成本)等价值在劳动力身上的凝固,表现为蕴含于自然人力身上的各种文化知识、劳动与管理技能、科学创造能力以及健康素质等存量的总和。一般来说,劳动力是人力资本与自然人力的复合体[②]。

人力资本和物质资本都是生产经营活动的基本要素,但二者存在着诸多不同。

第一,资本与其所有者的关系不同。物质资本与其所有者是相分离的,物质资本的产权是可以交换的,在流通过程中,不仅要让渡其使用权,而且要让渡其所有权,在企业破产时,物质资本可以作为抵押和拍卖品;而人力资本的产权与其载体之间有着天然的不可分离性。人力资本的每一个要素(健康、知识、技能、体力等)都凝聚在人体中,都无法脱离个人而存在,只能由其载体本人拥有。在雇佣关系中让渡的也仅仅是使用权,而不能让渡所有权。因此,其产权不具有抵押功能,不能转让、拍卖、出租或世袭等。

第二,两种资本形成所花费的时间不同。物质资本一般能够在较短的时间内被生产出来,而人力资本是要对劳动者经过较长时间的教育和培训才能够形成,而且随着社会的发展和科学技术的进步,这种教育和培训的时间将延长,人力资本形成的时间将更长。

第三,物质资本和人力资本重复使用中的损耗不同。二者都可以被重复

---

① 马克思:《资本论(第 1 卷)》,人民出版社 1975 年版,第 52 页。
② 郝寿义:《区域经济学》,经济科学出版社,1999 年版,第 353 页。

使用。但物质资本随着使用次数的增加，其使用价值和功能也逐渐减少或消失，会计上通常会为之提取"折旧"，并在一定时候，用另一个新的物质资本形式进行取代；而人力资本的使用价值、功能与重复使用的次数呈现正向关系，即在合理限度内，随着对人力资本使用次数的增加，其使用价值、功能也逐步得以增加和提升，而且这种增加和提升是在同一个主体上进行的，不需要用新的主体来替代。

第四，人力资本具有自身周转性和能动增值性。自身周转性主要表现为，以维持生命或维持劳动者的生产能力为目的的日常费用支出和用于提高人的素质和劳动者技能的各项支出，通过劳动者在生产劳动中与物资资本的结合，创造出社会产品，并通过对社会产品价值的分配和再分配过程形成劳动者的收入，劳动者对收入的使用又形成人力资本；在资本的增值性方面，人力资本的形成是一个通过经济投入而增加知识和技能存量的过程，同时也是在知识运用和实践中不断增值的过程。人力资本通过与物质资本的结合，不仅能够创造物资资料，而且能够使劳动者本身的能力得到提高，使人力资本增值；这又会进一步提高物质资本的运用效率，增强物资资料的创造能力，使物质资本增值。

就人力资本本身而言，由于它潜在于人体之中，是一种"无形"的资本，其价值度量缺乏确定的传递信号，存在着"逆向选择"的可能性。这种"无形"的资本依附于一定的物质资本，通过生产劳动，在对劳动资料的利用和改造过程中，表现出外生性，即不仅发挥出自身的作用，而且影响到物质资料的作用发挥。

二、人力资本的测度方法

人力资本是影响生产效率和经济增长的一个重要因素，而教育投资是人力资本的重要来源。根据现代人力资本理论，人们通过学习所获得的知识和技能是资本的一种形式，它和物质资本一起构成经济发展的两大推动力。由于人力资本的人体内在性，其存量不能直接得到，也不易准确计算。因此，一般只是对人力资本进行估算，主要方法有三类：

（1）人力资本收入法。即以劳动者凭借自身的人力资本获取的一生收益为基础进行测算。其中又分为预期工资收入法和技术职称等级法。但是，由于工资收入的差别不仅依赖于人力资本，还会受到个人的专业、才能、家庭和制度变迁等因素的影响，因此将预期工资收入作为指标会产生较大误差；同时，如果以劳动力的技术等级或职称作为权重评价人力资本，不仅可靠性差，数据也难以统计。

（2）人力资本成本法。是从对人力投资的成本角度测算人力资本。其中又分为教育经费法和扩展的人力资本成本法。前者是依据劳动力的教育成本（包含财政支出中的公共教育经费和个体家庭教育支出等）估算；后者则依据教育投资、培训、健康投资、劳动力迁移等产生的成本估算。人力资本成本法较好地体现了人力资本的资本性，但是无法显示劳动力因教育程度不同而产生的异质性。

（3）人力资本指标法。是基于人力资本特征的一些指标衡量的方法，最常用的是受教育年限法。受教育年限法着重强调受教育年限对人力资本的代表性，一般按照劳动力学历分层次计算。用劳动力的受教育程度，数据比较客观，具有可得性和可靠性。但是教育年限法存在的主要缺陷是，指标并非以货币为计量单位，难以与物质资本等其他资本进行比较。

前两种方法都以经济理论为基础，并能够以货币值来度量人力资本，这也为人力资本和物质资本的比较提供了可能。最后一种方法着重强调人力资本的某一方面特性，并以此作为人力资本度量指标，方法简单、数据可得，但本身存在片面性的缺点。以往教育投资对经济增长的研究普遍采用的方法为人力资本指标法，因此，基于研究目的和数据可得性，本书采用平均受教育年限法测度人力资本。

三、人力资本投资的内涵及特征

（一）人力资本投资的内涵

就人力资本的积累构成而言，可以分为外生性和内生性两个部分。外生性人力资本是先天形成的人力资本，它主要反映人力资本的初始状态和存量，它主要受到出生和成长环境因素的影响，一般不会因为人的能动性在短期内发生改变；内生性的人力资本是基于人的能动性通过后天努力形成的人力资本，它主要反映人力资本的动态流量，它主要受到教育的质量与结构、教育投资的规模、人口的迁移以及对健康的投资等多种因素的影响，也是人力资本投资的主要内容。

加里·贝克尔（Gary S. Becker）1964 年在其论著中将人力资本投资定义为："这一学科研究的是通过增加人的资源而影响未来货币收入和精神收入的各种活动，这些活动就叫作人力资本投资。"①

西奥多·舒尔茨（Theodore W. Schults）认为，人力资本投资主要包括：卫生医疗保健支出，各种教育和培训支出，个人和家庭迁移以适应不断变化的就业机会。② 因此，从人力资本构成要素的角度讲，凡是在人力生产、发育、健康方面的投入以及旨在提高其生产能力和收入能力而进行的一切投入都属于人力资本投资。

人力资本投资主要有三种形式：

（1）教育投资。这是人力资本投资中最基本、最主要的形式。教育投资对于提升人力资本质量和存量、增进个人和社会福利、促进社会和经济的全面发展都有着极为重要的意义。教育的成本包括直接成本（即正规教育的各种费用和在职培训的培训费用）和间接成本（即因为接收正规教育而放弃收入的机会成本和因接受培训而花费时间，继而影响的收入）。教育投资的收益表现为个体生产率的提高和较未培训者更高的边际生产力。

（2）健康投资。主要是指为提高健康水平，在医疗和健康保健方面所耗费的资源。与教育投资不同，健康投资不仅能提高人力资源的质量，而且能够增加未来有效劳动力的数量。在其他条件不变的情况下，由于人口健康状况的改善意味着疾病的减少和生命的延长，从而能够有更多的时间和精力投

---

① 萨尔·D. 霍夫曼：《劳动力市场经济学》，上海三联书店 1989 年版。
② 西奥多·W. 舒尔茨：《人力资本投资：教育和研究的作用》，商务印书馆 1990 年版，第 31 页。

入到生产中，相对增加社会劳动的供给，并提高劳动的质量，因此卫生保健投资可以明显提高人力资本的价值。

（3）迁移投资。人口在不同区域之间的流动或迁移是市场经济中的普遍现象，迁移的动机一般是为了寻求更好的发展机会和生活环境。实际上，这种流动也是人力资源与物质资源配置不断优化的过程，因此，人口迁移也是人力资本投资的重要内容。迁移投资主要包括三大成本：迁移行为产生的直接成本、因迁移而失去的就业和福利等机会成本、对环境重新进行熟悉而产生的心理成本。迁移投资的收益表现为：发展空间的拓展、生活环境和精神状况的改善等。

（二）人力资本投资的特征

与物质资本投资相比，人力资本投资具有五大特征：

（1）优先性。人力资本是社会经济发展的决定性因素之一。保持社会再生产的顺利进行必须优先对人力资本进行投资，形成一定的人力资本存量，使其具有配置和利用物质资本的能力。

（2）风险性和高收益性。人力资本投资的风险性直接源于人力资本的产权特征。由于人力资本投资的天然主体属性，使人力资本投资主体和客体具有很大程度的同一性，而人力的寿命和投资回报的长期性，导致无法免除的投资风险。因此任何国家、地区和企业的人力投资都具有产权收益上的投资风险；自然人口不可避免地会受到思想、感情、经历等多方影响，这进一步加大了投资客体的不确定性；人力资本投资收益不能全部直接实现加大了投资收益的不确定性；同时，人口流动也加大了人力资本投资的风险。但另一方面，人力资本投资能够提高劳动者配置资源的能力和劳动生产率，而且人力资本投资能够带来技术创新，在一定条件下，其投资收益是递增的。因此，人力资本投资能够获得比物质资本更高的收益率。

（3）投资和消费二重性。投资的本质在于在收回成本的同时获得一定的增殖。投资的主要目的在于更好地满足物质或者精神上的享受。从这种意义上说，人力资本投资具有投资和消费双重特性。

（4）专用性和通用性。在人力资本投资中，通用性投资形成的人力资本存量是专用性投资得以顺利进行的基础，也是提高专用性投资效率的前提；专用性投资则是通用性投资的升级和主要目标。同时，专用性和通用性之间通常存在着消长关系，专用性越强，通用性就越弱，资本的锁定成本就越高。一般地，在人生的不同阶段，通用性投资和专用性投资的选择重点也有所不同。

（5）相继性和时效性。人力资本投资的收益递增是有条件的。不同形式的人力资本投资之间具有互补性和连带关系，而同一种人力资本投资则具有阶段上的相继性，即后期的人力资本投资必须以前期的人力资本投资形成的资本存量为基础。同时，由于人力资本与人体的不可分割性，决定了人力资本投资与人的生命的自然延续年限密切相关，尤其是在知识经济时代，知识的更新换代快、时效性强，加大了人力资本的沉淀成本，所以人力资本投资具有很强的时效性。

四、人力资本理论

从宏观和微观的角度评价人的货币价值，是人力资本理论的萌芽。最早的人力资本价值评估是为了帮助法庭确定人身伤害、死亡的赔偿问题，评价战争的成本等。用货币价值来衡量人的经济作用主要有两种方法：一是计算用于"生产"人力所使用的货币成本；二是计算一个人的未来收益。但这两种方法都有其局限性：仅计算人力资本的生产成本并不能保证成本与收益的对称关系，而未来收益的计算又必须基于对人力资本现时价值的准确评价。显然，依据这种思路无法得出现代意义上的人力资本理论。

20 世纪 40 年代末，世界经济开始复苏，科学技术迅速发展，同时也出现了许多"经济之谜"。但处于主流地位的新古典经济学却难揭谜底。为了解开这些经济之谜，部分经济学家开创了现代人力资本理论的研究。20 世纪 50 年代以后，经济学家们开始从收入分配、经济增长、劳动力市场等方面对人力资本进行了研究，形成了现代意义上的人力资本理论。

在收入分配领域做出突出贡献的是雅各布·明塞尔（Jacob Mincer）。他在 1957 年发表的《人力资本投资与个人收入分配》一文中，首次建立了个人收入分析与其接受培训量之间关系的经济数学模型。之后，他通过对劳动者个人收益率差别的研究，估算出了美国的在职培训投资总量以及这种投资获得的收益率。明塞尔最早提出了"收益函数"，并用收益函数揭示了劳动者收入差别与接受教育的关系：劳动者收入的增长和个人收入差距缩小是人力资本投资的结果，其中最根本的原因是受教育水平的普遍提高。

在经济增长领域构建人力资本理论的代表人物是西奥多·舒尔茨（Theodore W. Schultz）。他在 20 世纪 50 年代末发表了一系列重要文章，成为现代人力资本理论的奠基之作。他不仅第一次明确阐述了人力资本投资理论，使其成为经济学的一个新的领域，而且对教育投资的收益率和教育对经济增长的贡献做了定量研究。此后，大批经济学家开始了对经济增长理论的研究，他们将人力资本因素与严谨的经济数学模型相结合，提出了一些以人力资本为核心的经济增长模型（详见本章第四节）。

舒尔茨和明塞尔的研究，是从分析和解释其各自领域内出现的经济之谜出发的，虽然构建了相关领域人力资本理论的基本框架，但是缺乏对其进行更深层次的分析和有高度的理论抽象。加里·贝克尔（Gary S. Becker）在其著作《人力资本》中，系统地阐述了人力资本与投资问题，对人力资本的性质、人力资本的投资行为提供了有说服力的理论解释，构建了较为系统、完整的人力资本理论体系。

可以看到，人力资本理论把人的知识能力作为经济增长的巨大源泉而加以系统论证，突破了传统经济理论在解释经济增长要素时的局限性，指出高质量的劳动力可以获得较高的劳动生产率，因此人的质量是促进经济增长的重要因素。在现代社会，由于知识无限增长的巨大效应，无限供给的人力资本克服了自然资源稀缺对于经济发展的制约，正成为经济增长的主导力量。人力资本的崛起以及在经济发展中的作用也日益增大，人力资本理论的现实意义越来越突出。

我国是一个发展中国家，实现国民经济持续、健康、快速发展，逐步缩小我国与发达国家的差距并最终赶超发达国家，是保证我国经济实力增强和人民生活水平改善的关键。因此，从长期看，增长问题是我国经济面临的首要问题，教育作为人力资本的主要组成部分，也成为影响我国经济增长的重要因素。

第三节　经济增长理论

经济增长，一般是指一个国家（地区）国内生产总值的增加。考虑到人口和价格的变动情况，通常还用实际人均国内生产总值指标对经济增长状态进行描述。

一、古典增长理论

财富及其增长，自古以来就是人们关注的核心问题之一。古希腊的色诺芬（Xenophon）、柏拉图（Platon）、亚里士多德（Aristotle）等都就财富和增长问题进行过论述。

但从理论层面看，经济增长理论应该始于古典经济学。英国经济学家威廉·配第（William Petty）首次提出劳动价值论，从整个社会出发考察总生产问题；在配第之后，爱尔兰经济学家理查德·坎蒂隆（Richard Cantillon）对总产品在土地所有者、租地农场主和手工业者三大社会集团之间的流通进行了分析，后来由美国经济学家伊格利（Robert Eagly）绘制成了《坎蒂隆流通图》，这是最早的社会再生产流通图；依据《坎蒂隆流通图》魁奈（Francois Quesnay）编制了《经济表》对社会资本总生产和流通问题进行了系统分析。可以看出，古典经济学家主要是对社会再生产的研究，直到20世纪50年代以后才形成了现代意义上的经济增长理论。

二、新古典增长理论

1956年索洛（Solow）与斯旺（Swan）等人提出了索洛模型，也被称之为新古典经济增长理论模型，形成了以索洛与斯旺为代表的新古典主义增长理论。索洛—斯旺模型的关键特征是其新古典形式的生产函数。它假设规模报酬不变，各种投入报酬递减，以及投入之间存在正的且平滑的替代弹性。

索洛—斯旺模型的突出贡献主要是：第一，提出了经济稳态这一关键概念，指出储蓄率对经济的稳态增长率没有影响，各种经济体的平衡增长路径是平行的；第二，是以稳态增长的概念为基础，预测了经济增长的收敛性。在新古典的生产函数的假设下，索洛—斯旺模型首先预测了绝对收敛性，即相对于富裕经济，贫穷经济倾向于有更高的增长速度。在其随后的发展中，该模型又给出了所谓条件收敛的预测，即各经济体真实人均 GDP 的起始水平相对于各自的长期或稳态水平越低，增长率就越快。收敛之所以是有条件的，是因为在索洛—斯旺模型中，人均资本和人均产出的稳态水平依赖于储蓄率、人口增长率以及生产函数的位置，而经济将收敛于各自不同的稳态。

实证分析表明，索洛—斯旺模型所指出的资本积累率（包括实物资本和人力资本）和条件收敛机制，对各国和地区之间的经济增长确实有着相当大的解释能力。可以说，索洛—斯旺模型为人们洞察经济增长提供了一个基本的理论分析工具。但是，该模型的一个明显的缺陷是，长期人均增长率完全被模型外的因素——技术进步和人口增长率所决定。

新古典增长理论为现代经济增长理论的发展奠定了坚实基础，尤其是收敛性假说以及后来提出的趋同假说已经在经济增长的实证分析中得到广泛运用。

三、内生经济增长理论

（一）内生增长理论的诞生背景

第二次世界大战后，西方国家的经济经历了多次经济危机，不过总体上依然保持了快速增长，特别是美国出现了强劲的经济增长；同时，世界经济一体化加剧，第三次科技革命方兴未艾，地区之间和国家之间物质资本、人力资本和金融资本出现大范围和大规模的流通，知识传播和技术交流速度的提高和规模的扩大前所未有。

一些经济学家在对美国经济增长的研究中发现了一个令人困惑的现象，即美国的产出增长率远远超出了生产要素的投入增长率。根据传统增长理论，产出的增长只取决于资本和劳动力数量的增加，两者应该相等；再依据传统的资本理论，如果一个国家的资本积累比土地、劳动更多时，必然会进一步使用资本，这是因为资本不断增加而变得比较便宜。但事实并非如此，库兹涅茨在对美国资本形成的研究中发现，在美国经济增长的同时其资本形成速度却下降了，更多的产出是用较少的资本生产出来的。由于无法解释这种现象，使传统的增长理论陷入了困境。

美国经济学家舒尔茨 1961 年率先对上述问题提出解答，舒尔茨引入了"全面生产要素"的概念，认为生产要素不仅包括土地、劳动力、物质资本还包括技术，而技术体现在包含着有用知识的物质资本和掌握了这种有用知识的劳动力——人力资本。由于技术是变化的，因而资本尤其是人力资本具有非同质性；同时，由于人力资本在促进经济增长中所固有的特征，它可以产生递增的收益，以消除资本和劳动力要素的边际收益递减的影响。因此，舒尔茨指出，发达国家和发展中国家在经济增长上的差别就在于人力资本的丰富与否。

但是，舒尔茨采用了泛化的人力资本概念，其研究也只停留在人口经济学和教育经济学的范围内。直到 20 世纪 80 年代，以罗默（Romer）、卢卡斯（Lucas）等为代表的一批经济学家，建立起内生经济增长理论，开创了经济增长理论的新阶段，才真正用人力资本来解释持续的经济增长。

（二）宇泽：扩展的新古典经济增长模型

1965 年，日裔教授宇泽弘文（Hirofumi Uzawa）发表题为《经济增长混合模型的优化》一文，修改了索洛单纯生产部门的模型，把只包含单纯生产部门的新古典经济增长模型，拓展到包含教育部门和生产部门的两部门模型。由于宇泽模型中加入了教育的因素，因而被认为是最早的人力资本增长模型。

（三）罗默的知识溢出模型

1986 年开始，保尔·罗默（Paul Romer）先后发表《收益递增与长期增长》《技术进步内生化》等重要著作，引入了知识、人力资本和知识效应溢出等概念，并提出了罗默模型。在这个模型中，产出分为两大部分，即消费生产部门和研究开发部门（知识积累部门），而生产投入有四种要素：物质资本、非技术劳动、人力资本和技术水平。在这个模型中，技术进步并没有归结为人力资本的增长，人力资本只是一个独立影响经济增长的因素。罗默认为，专业化的知识可以产生"内生经济效应"，使个别厂商获得垄断利润，而垄断利润又成为研究新技术、开发新产品的资金来源，从而形成技术进步的内在循环和驱动机制。知识积累受到三个因素的影响，即物质资本、非技术劳动及人力资本，其中人力资本最为重要。一个企业、一个国家用于研究开发部门资源的多少决定着其经济增长率和收入水平的高低，因而要提高经济增长率，必须在研究开发部门多投入资源以提高知识积累率，尤其是加强该部门中人力资本的投入与培养。

罗默的内生增长模型对于经济增长理论的发展有着极其重要的作用。他将知识作为一个独立要素纳入了经济增长模式，并认为知识积累是促进现代经济增长的重要因素。由于知识的外溢性，使资本收益率成为资本的递增函数，从而修正了传统增长中收益递减或不变的假定，这充分解释了目前世界经济高速增长的原因，同时也说明了发达国家和发展中国家经济水平差距日益扩大的缘由。

（四）卢卡斯的人力资本积累模型

1995 年诺贝尔经济学奖获得者罗伯特·卢卡斯（Robert Lucas）从另一角度解释了经济增长的内在机制。他在 1988 年发表的《论经济发展的机制》一文中，把舒尔茨的人力资本理论和索洛的技术决定论的增长模型结合起来并加以发展形成人力资本积累增长模型。

卢卡斯模型通过将人力资本作为一个独立的因子纳入经济增长模型中，并运用微观分析方法将舒尔茨的人力资本和索洛的技术进步概念结合起来，归结为"专业化的人力资本"，认为专业化的人力资本积累才是经济增长的真正源泉。模型在解释经济增长时引入了专门从事人力资本积累的部门——教育部门，教育部门以线性技术生产人力资本，而人力资本的不断积累又保证了经济能够实现持续增长。

卢卡斯是以阿罗（Kenneth J. Arrow）"干中学"模型为基础，建立的人力资本积累模型，但卢卡斯把知识直接归结为人力资本，强调了外部溢出效应对人力资本积累的作用，这是与罗默的不同之处。在模型中，卢卡斯强调劳动者从正规或非正规教育中所积累的人力资本对经济增长的作用，他的这种人力资本划分方式，具有重要现实意义，它拓展了人力资本的形成途径：一方面可以通过教育学习来积累，另一方面又可以在生产中积累。

从经济增长研究的角度来看，罗默认为技术进步表现为私人厂商投资于研究活动而生产出新知识，而卢卡斯认为技术进步是教育部门进行人力资本投资以及在生产中人力资本溢出的结果。从对人力资本的理解来看，罗默认为人力资本只是影响经济增长的其中一个非常重要的因素，它影响的结果是使知识积累，而卢卡斯则认为人力资本是经济增长中的核心因素，它的进步就等于技术进步。

在罗默和卢卡斯的模型中不仅将人力资本纳入进去，并且使其内生化，同时也克服了经济均衡增长取决于劳动力增长率这一外生变量的缺陷。

综上所述，教育对经济增长的基本路径是教育可以提高并积累人力资本，进而提高全要素生产率，促进产出增加，从而实现经济增长的持续增长。具体路径可参见图 2 - 1。

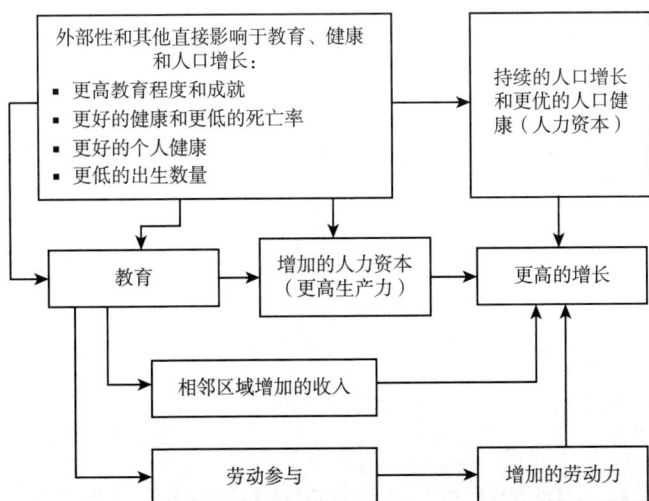

图 2 - 1 教育对经济增长效应路径

本章小结

　　教育既是过程也是结果，教育是一种经济产品，它在经济活动是一个重要的中间品，通过教育服务的供给，为经济增长所需的劳动要素提供重要的营养。从经济性质上看，教育属于准公共商品，政府是重要的提供主体，但政府在多大程度上供给教育服务取决于政府的目标和激励。人力资本是教育的重要成果，劳动力作为人力资本的载体，在掌握了科学知识和技术后，劳动力更能促进产出，更能提高生产效率，能够营造出更和谐的社会环境，最终实现社会福利的增进。

第三章　政府教育支出与人口流动：现状与假说

　　我国的教育投资与经济增长存在诸多值得思考的现象：经济高速增长，但教育投入水平低下；西部地区的教育投入水平远远高于经济发展水平比其高得多的东部地区，但西部地区高水平投入的效益又大幅低于东部地区；中、西部地区人口向东部地区大规模流动。上述现象间有无关系？是何关系？这些现象和问题引出了本书研究的三个假说，并成为本书研究的逻辑起点。

第一节　我国教育投资现状分析

一、我国教育投资管理体制的演变

　　新中国成立后，也同时建立了高度集权的计划经济体制。与之相适应，建立了中央"统收统支"、三级预算管理的财政管理体制。在这种体制下，由中央直接管理的大、中、小学教育经费列入中央人民政府预算，由财政部掌管；各大行政区、省（市）管理的县立中学以上教育事业费，分别列入各大行政区及省（市）预算内，乡村小学、教育馆的经费，由县人民政府随国家公粮征收地方附加公粮解决。

　　1953 年以后，开始实行"统一领导，分级管理"的新财政体制。但在教育投资和管理方面并没有大的改变；1958 年 8 月，教育事业管理权力下放，教育经费管理权限也随同下放，全部小学、中学的设置和发展，无论公办和民办，都由地方自行决定，中央每年按计划对地方下拨教育经费。但在此体制下，地方政府往往只重视经济发展投入而忽视对教育的投入，挤占、挪用教育经费现象极为普遍。从此之后，尽管中央也出台了一些措施，但都没有根本解决这一问题。

改革开放以后，中央对地方大幅释放财权，实行了地方财政包干体制，中央与地方财政的收入支出格局发生了重大变化，因此1980年教育部提出《关于实行新财政体制后教育经费安排问题的建议》。其中规定，从1980年开始，教育经费拨款由中央和地方两级财政切块安排，中央财政只负担中央各部委所属高等院校和中等专业学校的经费，各省区市所属高校和中小学的经费完全由各省区市人民政府供给。中央对地方普通教育实行专项补助。同时，地方财政的教育经费安排必须保证完成当年的教育发展计划并将经费决算数字上报中央审核。在这种管理体制下，中央财政的任务只在于宏观的控制与规划。

这次体制改革，是对原有体制的重大突破。首先，地方政府成为国家教育经费预算、管理最主要的主体，被授予发展地方教育事业的几乎全部职责，同时，也被赋予较大的教育经费使用权。其次，中央财政只控制地方政府教育经费预算的基数，不设上限，即"下要保底，上不封顶"。从其当时实施的效果看，大多数地区对教育的投入都有一定幅度的增长，但对于初级和中等教育的投入增速较慢，对于地方高等教育的投入则有较大幅度的增长。由此产生的问题是求大求全，盲目发展，追求数量，摊子铺得太大。在1983～1985年间，全国新建高校301所，其中仅在1985年就新建高校114所，平均3天建一所大学。结果，高等教育投入大大超出了当地的负担能力，又使地方减少经费安排，引起教育经费普遍紧张。

1985年，中央发布了《关于教育体制改革的决定》，确定了"低重心"的教育发展战略，实行"省办大学，县办高中，乡办初中，村办小学"的财政投入体制，从管理体制上明确了"基础教育的管理权属于地方"的原则，"实行基础教育由地方负责、分级管理"。依据这一原则，中小学教育经费纳入地方预算，由地方财政拨款，中央实行专项补助。同时，中央还出台了一系列保障教育经费投入的政策措施，并明确指出，地方各级政府是筹措基础教育经费的直接责任者，教育经费支出要在政府预算中单独列项，同时保证教育经费总量逐年增加。

此后，尽管在中央拨款、经费管理、资金来源等方面进行了一些改革，但在总体上至今仍然沿用着上述体制。

二、政府教育投入仍处低水平

首先，在改革开放以来，我国经济高速稳步增长，政府财政收入以年均10%以上的速度增长，为我国的教育事业发展奠定了坚实财力基础；另外，随着我国社会经济的发展，对人才的需求急剧增加，在此背景下政府对教育的投入也持续增加（见图 3－1）。

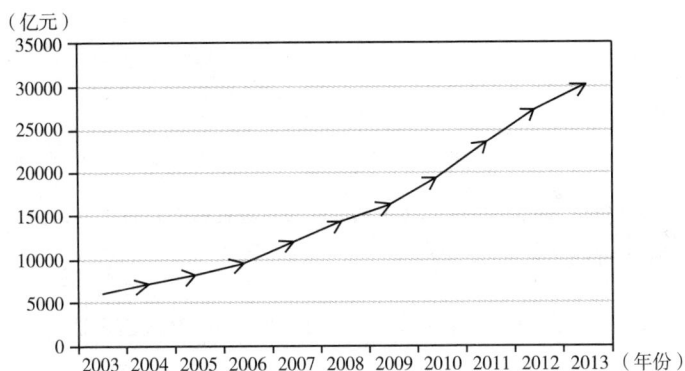

图 3－1　2003～2013 年中国教育经费总投入

资料来源：《中国统计年鉴》。

从图 3－1 的趋势图可以看出，2003～2013 年间，中国教育经费总投入绝对额从 5000 亿元，增加到 30000 余亿元，年均增长近 20%，且在近几年增长更为迅速，教育事业的发展也因此得到迅猛发展。

其次，我国财政性教育经费占教育总支出的比重增长缓慢。我国教育经费来源主要包括：财政性教育经费，民办学校创办者的投入、社会捐赠、事业收入以及其他教育经费。其中，财政性教育经费包括五大项：公共财政预算教育经费（教育事业费拨款、基本建设拨款、科研拨款和其他拨款），各级政府征收用于教育的税费（教育费附加、地方教育附加和地方基金），企业办学中的企业拨款，校办产业和社会服务收入用于教育的经费，以及学校或单位的其他属于国家财政性教育经费（如收取的学费和其他预算外收入等）。

图3-2展示了我国财政性教育经费总额占教育总支出的比重。可以看出，从2003~2013年期间，国家财政性资金在总教育经费中的比重一直保持在61%以上，说明政府拨款一直是我国教育投入最主要的资金来源，政府在促进教育事业发展方面起着主导型作用。同时，这一比例一直在78%以下徘徊，表明政府的教育投入增长缓慢。

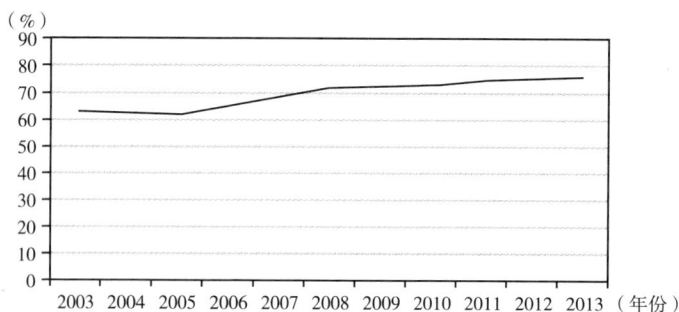

图3-2　2003~2013年国家财政性教育经费占教育总投入比例

资料来源：《中国教育经费统计年鉴》。

最后，从图3-3中可以看出，政府对于教育的投入占GDP的比例一直处于3%以下的低水平，直到2006年这一比例才达到3%，又用了五年的时间达到4%，自2011年开始，基本维持在4.2%左右的水平。

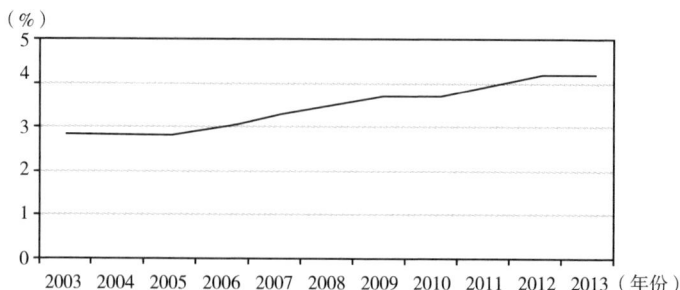

图3-3　2003~2013年国家财政性教育经费占GDP的比例

资料来源：《中国教育经费统计年鉴》。

三、地方政府"公共财政预算教育经费"① 增速缓慢

从语义上讲，本书的"政府教育支出"和公共财政教育经费、政府教育经费等表述相同，计算口径也一致。我国政府公共预算科目为"教育支出"，因此，本书一般使用"政府教育支出"表述。

2007 年以前，我国的政府预算科目"预算支出"，主要反映财政预算安排下的各种类型的教育支出，其下根据教育的不同层次、不同类型分为初等、中等、高等教育，普通教育、职业教育、成人教育、广播电视教育、留学教育、特殊教育等款级科目，但这些科目中包含的支出主要是教育事业费，不能反映政府对教育的全部支出。2007 年开始我国政府预算科目改革，教育类科目不仅包括教育事业费（主要是教育部门所属企事业单位的运转支出），还包括了教育基本建设支出。因此，在跨期（2007 年）分析教育支出时，不能照搬政府预算的"教育支出"科目数字，本书采用了《中国教育经费统计年鉴》中的"财政性教育经费"作为政府教育支出。该项目包括预算内教育经费，各级政府征收的用于教育的税费，企业办学校经费拨款，校办产业、勤工俭学和社会服务收入中用于教育的经费。

自 2003 年以来，国家财政性教育经费保持了快速增长势头，其中，公共财政预算经费也有一定的增长，但其增速慢于国家财政性教育经费增长速度，从而导致公共财政预算教育支出在国家财政性教育经费中的比例下降。

从图 3-4 可以看出，2003~2013 年间，公共财政预算教育经费占国家财政性教育经费的比例从 2003 年的 94% 缓慢增长到 2009 年的 98% 之后便开始下降，尤其在 2011 年，该比值断崖式下滑至 2013 年的 87%。导致这一结果的原因主要有两个，一是地方政府教育投入的增速减缓，二是学校或单位的预算外收入增长迅速。

----

① 按照政府预算体系改革要求，2011 年起将原"预算内教育经费"表述为"公共财政预算教育经费"。公共财政预算教育经费在现有统计资料中最直接反映着政府对教育事业的干预程度，其数值体现在各级政府财政收支预算中。

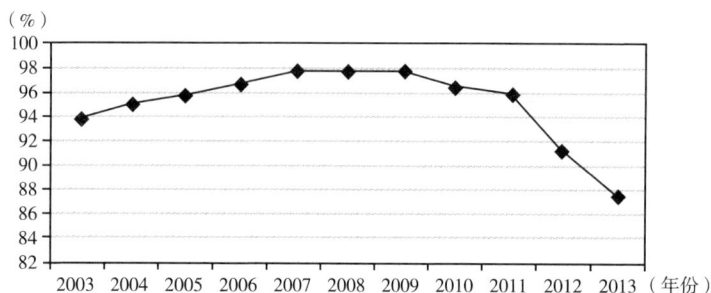

图 3 - 4　2003 ~ 2013 年公共财政教育支出占国家财政性教育支出比例

资料来源：《中国教育经费统计年鉴》。

与此同时，我国城镇居民家庭教育支出快速增加（见图 3 - 5）。在 2003 ~ 2013 这 10 年间，我国城镇居民家庭人均教育支出从 500 元增加到 800 元，居民家庭的教育支出在家庭消费总支出中的占比达到 35%①。

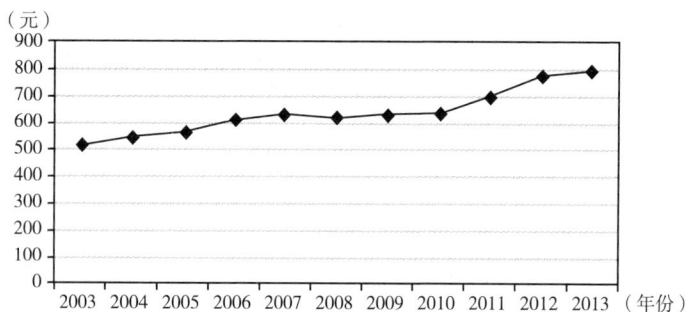

图 3 - 5　2003 ~ 2013 年我国城镇居民家庭人均教育支出

资料来源：根据《中国统计年鉴》《中国教育统计年鉴》的相关数据计算、绘制。

公共财政预算教育经费占教育总投入的比重，可以看到，在 2003 ~ 2005 年，该比值基本稳定在 58.5%，从 2006 年开始，该比值开始上升，从 62% 上升到 74%，之后，从 2011 年，该比值开始下降，从 74% 下降至 2013 年的 70%。整体上，公共财政预算教育经费在国家财政性教育经费和教育总投入中的比重变动情况基本吻合。但必须认识到，与世界许多国家相比，该比例都属于非常低的水平。

———————————

①　根据汇丰银行 2013 年底的调查数据。

从地方政府教育支出构成来看，重点是小学和中学，其中又以教育事业费为主。根据《中华人民共和国教育法》，我国主要的教育分为高等教育、中等教育和小学教育。其中，高等教育包括普通高等教育和成人高等教育；中等教育主要包括普通高中、普通初中和成人中学。我国地方政府 2003～2013 年间在三个层次教育的支出情况如图 3－6 所示。

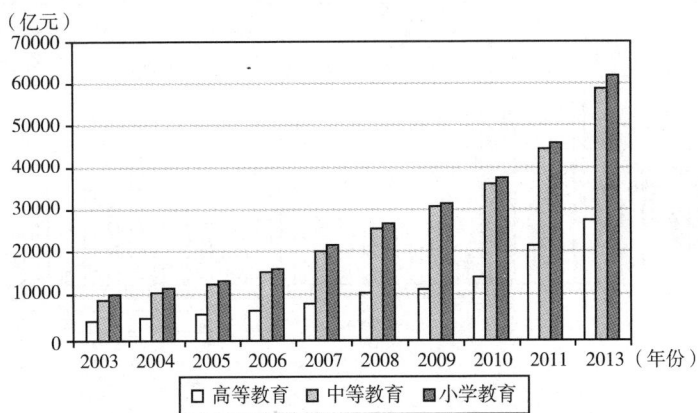

图 3－6　2003～2013 年地方政府对各层次教育总支出

资料来源：2004～2014 年《中国统计年鉴》。

从地方政府教育支出的层次结构看，中、小学教育支出的总额约占总支出的 90%，高等教育支出约占 10%，三者间的比例在各年度间基本保持稳定。因此，地方政府教育支出的重点是中、小学教育。

政府在对各层次的教育支出中包含了两个主要部分：一是教育事业费，主要是财政预算安排的基本运行费用；二是基本建设费，包括教育主管部门的基本建设支出，教育部门所属各类事业单位（如各类学校）、企业（如各类教学仪器厂）的基建投资等。其中，教育事业费占 90% 以上，基本建设费占近 10%。

因此，在我国地方政府的教育支出构成中，重点是小学和中学，其中又以教育事业费为主。

四、地方政府教育投入呈现"东低西高"特征

财政支出量的大小依赖于政府可支配资源的多寡以及结构安排，而政府

财政收入依赖于经济发展，前者是流，后者是源。因此，影响地方政府教育投资最主要的因素是地方的经济发展水平。由此可以肯定东部地区①的财政教育支出要高于中部地区和西部地区。图3-7给出了2013年我国东、中、西部地区各省份的财政教育支出的绝对量比较。

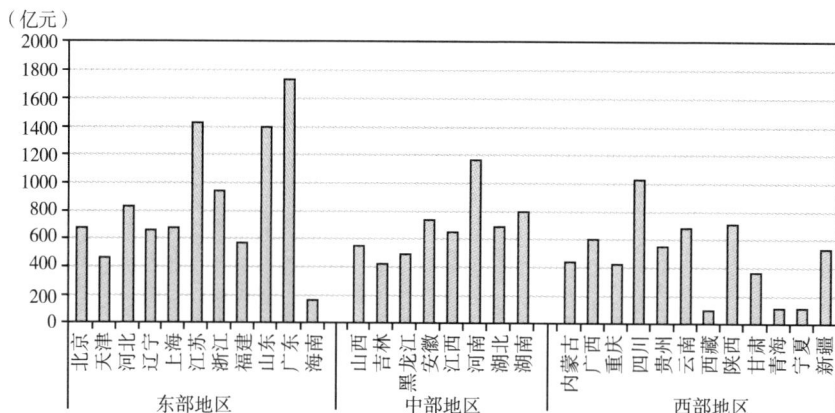

图3-7　2013年东、中、西部地区各省份财政教育财政支出

资料来源：2014年《中国教育经费统计年鉴》。

图3-7中显示，东部地区的政府教育支出绝对值上要高于中、西部地区。其中，支出绝对额最大的是广东，其次是江苏和山东，而这三个省份的同期国内生产总值在全国也基本占据了前三位；中部地区各省份的财政教育支出在统计上差值不大，较为突出的是河南，河南是我国人口第一大省，同时也是中部地区当年唯一一个国内生产总值进入"万亿俱乐部"的省份；西部地区总体支出规模较小，其中，四川和陕西较为突出，两省既是西部地区经济发展水平最高的省份，也是政府教育支出规模最大的省份。

---

① 在相关文献及政府文件中对于我国"东部、中部、西部三大经济带"的引用已极为普遍。但部分学者对于三大经济带的划分有所不同。在本书采用了大多数学者的划分方法（不包括我国港澳台地区），即：东部包括北京、上海、天津、辽宁、江苏、浙江、广东、海南、山东、河北、福建11个省市；中部包括湖北、湖南、河南、安徽、黑龙江、吉林、山西、江西8个省；西部则包括重庆、四川、广西、贵州、云南、西藏、陕西、甘肃、青海、宁夏、新疆、内蒙古12个省区市。

　　实际上，各地方政府教育支出绝对额的直接比较并不能完全揭示教育支出的真实差距，因为教育投入的绝对量还会受到人口、物价以及统计噪声等诸多因素的影响。图 3 - 8 给出了各地方政府教育支出与国内生产总值（GDP）的比值，以此更进一步地反映政府教育支出的区域差异。

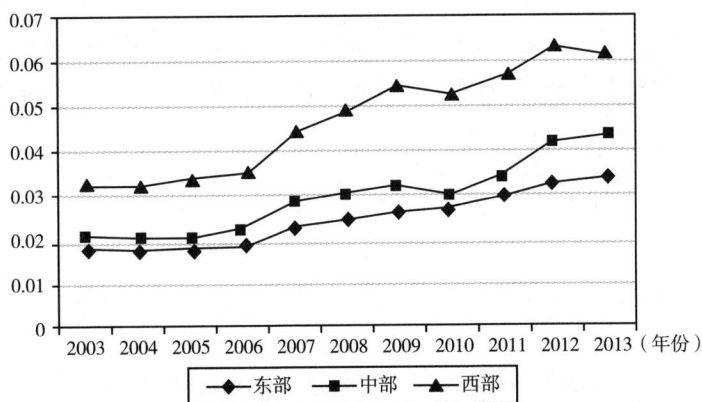

图 3 - 8　2003～2013 年政府教育支出占 GDP 比重

资料来源：2014 年《中国教育经费统计年鉴》。

　　图 3 - 8 中展现的情形与图 3 - 7 形成了鲜明的对比。从相对值看，西部地区的政府教育支出远高于中、东部地区，中部地区略高于东部地区，三大区域的这种差别持续了整个样本期（2003～2013 年）。就政府教育支出的绝对额而言，三大区域排序从高到低为东部、中部、西部，而就相对值而言，正好相反，三大区域排序从高到低依次为西部、中部、东部，该相对值反映了该地区的国内生产总值中用于政府教育支出的占比，因此，西部地区省份虽然经济发展水平较之于东、中部地区差距较大，但用之于教育支出的比例却远高于东、中部地区，地方政府教育投入呈现出明显的"东低西高"特征。

　　三大区域政府教育支出的绝对值和相对值的对比结果引出一个重要问题：如果增加教育支出能够带来更高经济增长率，为何出现"经济大省，教育小省"？抑或"增加教育支出能够带来更高经济增长率"的假设并不成立？

第二节 我国人力资本现状

如前章所述，人力资本是一个关于评价劳动力素质的综合概念，包括了劳动力的性别，年龄，健康，知识储备等。尽管人力资本的形成需要人口生存的各种物质投资、健康投资等，但教育投资始终是人力资本形成最根本的手段，受教育状况也是评价人力资本状态最主要的标准。因此，本书主要是通过我国人口受教育情况分析我国的人力资本状况。

一、我国的人口状况

表 3 - 1 给出了 2013 年底我国人口数量及其构成情况。

表 3 - 1　　　　　　　　　2013 年底我国人口数量及构成

指　标	人口数（万人）	比重（%）
全国总人口数	136072	100
其中：城镇	73111	53.73
乡村	62961	46.27
其中：男性	69728	51.24
女性	66344	48.76
其中：0 ~ 15 岁（含不满 16 周岁）	23875	17.55
16 ~ 59 岁（含不满 60 周岁）	91954	67.58
60 周岁及以上	20243	14.88
其中：65 周岁及以上	13161	9.67

资料来源：2014 年《中国统计年鉴》。

从表 3 - 1 可以看出，2013 年底我国人口总量达到 136072 万人，其中城镇人口 73111 万人，占总人口的 53.73%，这在某种程度上也反映了我国城镇化水平已处于一个新的阶段和水平上。从年龄结构上看，处于劳动力范围之外的有约 32.42%，即 16 ~ 59 岁之外的人口比例，其中 60 岁以上的人口比例达到 14.88%。

在老龄化趋势加速的背景下，通过提高劳动力质量来抵消劳动力数量减少对经济带来的负面效应已成为必然的选择，而教育是提升劳动力质量最为有效的途径。

二、我国人口的受教育年限快速提升

人口的受教育年限取决于多种因素，其中主要有接受各层次教育的人数（尤其是接受较高层次教育的人数）、毛入学率[①]

（一）接受较高层次教育的学生人数持续增加

义务教育法颁布实施 30 多年来，在我国各级政府的努力下，基本解决了适龄学生的教育问题，为我国劳动力素质的提高做出了基础性贡献。与此同时，接受较高层次教育的人数逐年递增（见图 3-9）。

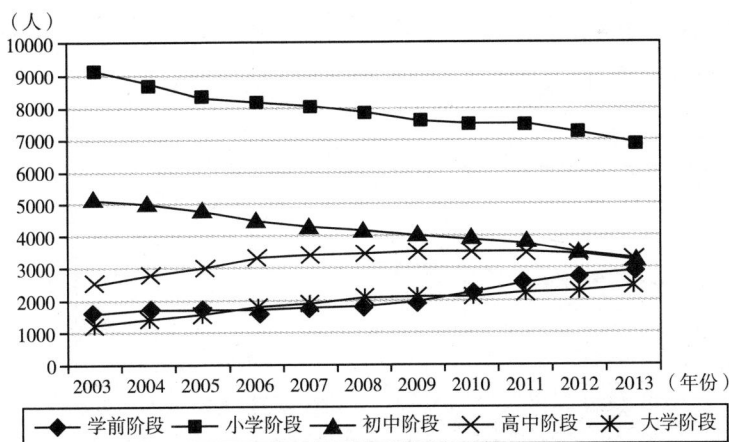

图 3-9　2003~2013 年每十万人口平均在校生数

资料来源：2004~2014 年《中国教育统计年鉴》《中国劳动统计年鉴》。

---

① 毛入学率是在校生数与相应适龄人员数之比。

从图 3 - 9 中可以看出，在我国的小学和初中在校学生数均在明显下降，这与我国人口的现状基本吻合，即在新生人口增长率下滑的背景下，义务教育阶段在校生人数必然呈下降趋势。与之相反，我国的高中和大学的在校生人数在稳步上升，越来越多的人接受了更高层次的教育，为我国提高人力资本水平创造了坚实基础。

（二）我国的高等教育发展迅速

国家为大力发展高等教育事业，1998 年颁布实施了《面向 21 世纪教育振兴行动计划》，指出要积极稳步地发展高等教育，努力提高办学效益。根据各地需求和经费、师资的可能，采取新的发展机制和模式，努力扩大招生规模，推动我国高等教育事业的发展。

在这些政策的有力引导下，我国的高等教育实现了跨越式发展，本科生以及研究生的在校生和毕业生数量跃居世界前列。根据《2013 年全国教育事业发展统计公报》，截至 2013 年底，我国接受过高等教育的人口占 6 岁学龄以上人口之比从 2003 年的近 6% 增长到 2013 年的近 12%（见图 3 - 10），十年间翻了一番。我国的高等教育正向大众普及方向发展。鉴于我国人口基数，这是一个巨大的成就。

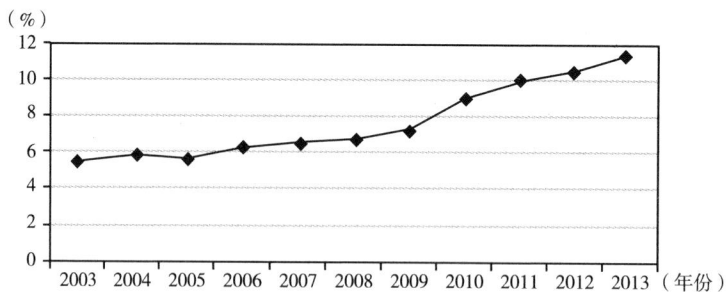

图 3 - 10　2003 ~ 2013 年我国高等教育人数比例

注：高等教育人数比例为：（大专以上人数/6 岁以上人口数）× 100%。

资料来源：2004 ~ 2014 年《中国教育统计年鉴》《中国劳动统计年鉴》。

从接受高等教育看，女性比例更高于男性，截至 2013 年，男性接受过高等教育的比例为 10.3% 左右，而女性接近 15%。

（三）各层次教育的毛入学率呈现总体上升趋势

图 3-11 反映了小学、初中、高中和大学（适龄人口为 18~22 岁）等各层级教育的毛入学率。其中，小学和初中的毛入学率在 2003~2013 年间基本保持了稳定状态，初中略微提升，至 2013 年我国适龄人口基本都接受了义务教育，毛入学率达到 100%。高中教育毛入学率在这十年中增长最快，从 2013 年的 40% 快速提升到 2013 年 81%，翻了一番。大学毛入学率也在稳步提升，从 2003 年的 19% 左右提升到 2013 年的 38% 左右，也增长了一倍之多，这得益于我国在 1999 年开始的高等教育扩招。十多年的高等院校持续扩招为更多的人提供了接受高等教育的机会，也为我国更高水平的人力资本积累奠定了基础。

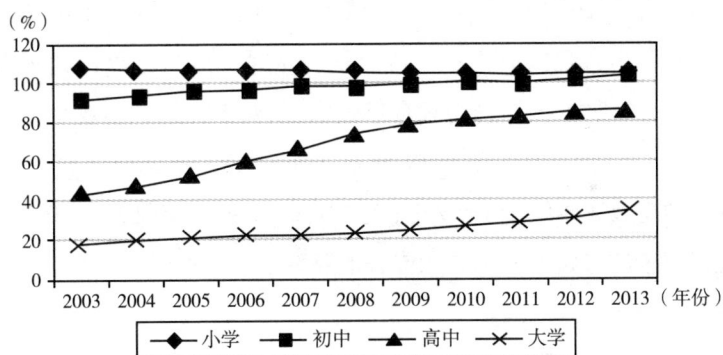

图 3-11　2003~2013 年各级学校教育毛入学率

资料来源：2004~2014 年《中国教育统计年鉴》《中国劳动统计年鉴》。

较高的毛入学率和在校生数使得我国平均受教育年限[1]出现了大幅度上

---

[1]　关于"平均受教育年限"的计算，各方法口径不一致，根据《中国统计年鉴》，该指标的计算公式是：（样本中小学文化程度人口数 ×6 + 初中 ×9 + 高中 ×12 + 大专及以上 ×16）/6 岁以上抽样人口。显然该方法是基于抽样数据计算。而上海市统计局官方给出该指标的计算公式是：（某一特定年龄段人群中每个人的受教育年限之和/该年龄段人群总数）×100%。该方法是基于全面调查方法，并年度发布。本书采用的统计口径与《中国统计年鉴》口径一致。需要注意的是，这里的人口数是"常住人口"。

升，其中，我国 2003～2013 年全国平均受教育年限①如图 3-12 所示。

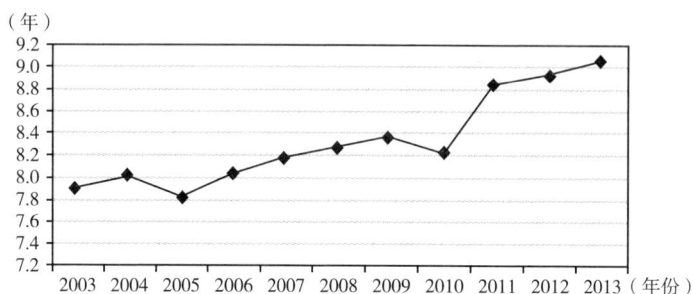

图 3-12   2003～2013 年我国平均受教育年限

资料来源：2004～2014 年《中国人口统计年鉴》。

从图 3-12 可以看到我国平均受教育年限在 2003～2013 年整体保持了稳步上升，2005 年和 2011 年略有下降，从 2003 年的 7.9 年上升到 2013 年的 9年。这里必须指出，我国取得这一成就极为不易，但与世界发达国家还有很大的差距，例如，加拿大平均受教育年限为 14.6 年，澳大利亚平均受教育年限为 14.4 年，英国平均受教育年限为 14.0 年，芬兰平均受教育年限为 13.5年，美国平均受教育年限为 13.4 年，法国平均受教育年限为 13.0。在追赶发到国家教育水平的道路上，仍有相当长的路要走。

三、劳动力综合素质有待提升

尽管我国的人均受教育年限得到快速提升，但从我国从业人口的受教育程度看，仍处于较低水平。我国从业人员中受教育的情况如图 3-13 所示。

从图 3-13 中可以看出我国就业人口中，不识字或具有小学文化程度的比例在缓慢下降，小学文化程度的比例到 2013 年降至 20% 左右；而具有初中文化水平的劳动者所占比例最高，并保持缓慢上升态势，但一直在接近 50%的位置波动。这意味着我国 70% 的劳动力只具有初中以下的受教育水平，受

---

① 除普查年份以外，其他年份的平均受教育年限为抽样数据。

教育程度有待进一步提高。

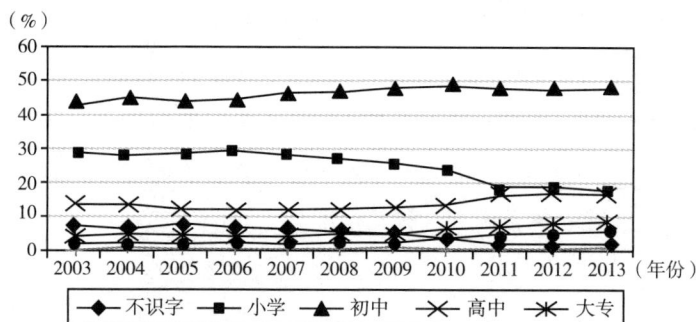

图 3 - 13   2003 ~ 2013 年全国从业人员受教育构成

资料来源：2004 ~ 2014 年《中国教育统计年鉴》《中国劳动统计年鉴》。

四、人均受教育年限 "东长西短"

如图 3 - 14 所示，尽管西部地区经济发展水平最低，但其教育投入的比例最高；更重要的是，尽管西部地区教育投入的比例最高，其教育投入获得的收益最低。图 3 - 14 显示了三大区域的人均受教育年限变动状况。

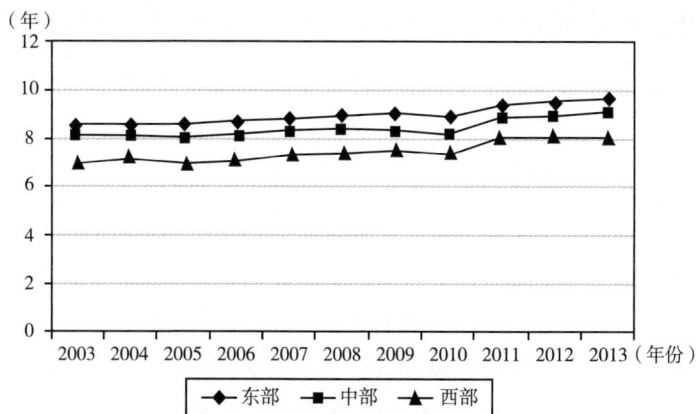

图 3 - 14   2003 ~ 2013 年平均受教育年限

资料来源：2004 ~ 2014 年《中国教育统计年鉴》《中国统计年鉴》。

可以看到，三大区域的排序从高到低依次是东部、中部和西部，2013 年人均受教育年限分别为 9.72 年，9.14 年和 8.19 年。东部地区和中部地区人均受教育年限在样本期中的平均值基本都超过了 8 年，而西部地区自 2011 年平均值才开始超过 8 年。因此，从表面上看，东部地区的教育成果比中、西部地区更为显著。为进一步展示三大区域中各省的教育成果，图 3 – 15 给出了 2013 年三大区域中各省份的受教育情况。

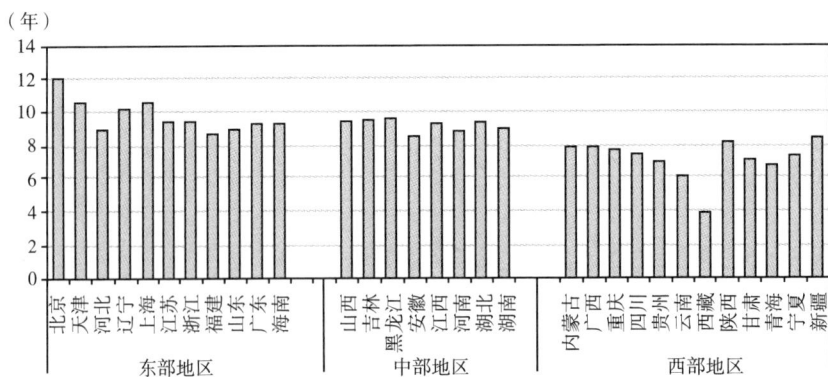

图 3 – 15   2013 年三大区域中各省份平均受教育年限比较

资料来源：2004 ~ 2014 年《中国教育统计年鉴》《中国统计年鉴》。

2013 年，我国整体平均受教育年限水平达到了 9.05 年的较高水平，说明教育投入的成果较为显著。其中，东部地区的北京、天津和上海位居前三名，北京以 12 年的受教育年限位于全国之首。在中部地区各省中，平均受教育年限值方差较小，黑龙江稍有领先，而在西部地区，陕西的平均受教育年限领先于其他各省，最低是西藏，为 4 年。

图 3 – 16 给出了更能反映人力资本状况的指标——高等教育人数比例。图中显示，我国三区域受过高等教育的人数比例均在稳步上升。其中，东部地区受过高等教育的人数比例远高于中、西部地区，而中、西部地区该指标值不相上下，表明东部地区拥有更好的教育成果。

如果将三大区域的政府教育支出绝对值和三大区域的平均受教育年限以及高等教育人数比例放到同一坐标，那么会发现它们之间存在非常显著的正相关关系。而实际上，基于常住人口计算的教育成果比较并不能反映各地政府真正的教育支出成果，因为在常住人口中包括了户籍人口和流动（流出或流入）人口。但对于我国小学教育、中等教育以及部分高等教育的政府支出基本都是对户籍人口的，因此就可能出现东部地区的教育产出衡量指标中包含了从中、西部地区流入的人口，而人口的流动也会对经济增长产生重大影响。

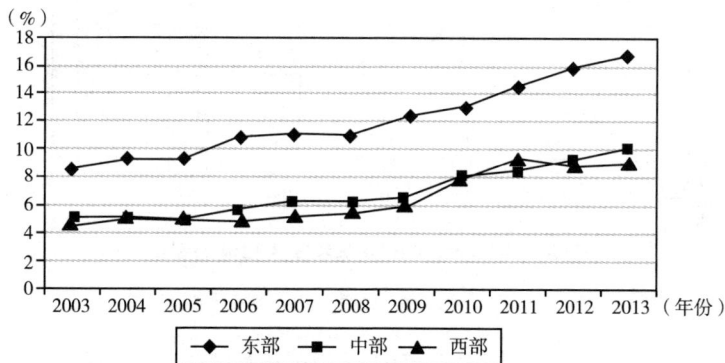

图 3 – 16　2003 ~ 2013 年高等教育人数占比

资料来源：2004 ~ 2014 年《中国教育统计年鉴》《中国统计年鉴》。

第三节　我国的人口流动状况

人口流动是指人口与其户籍所在地发生分离①的空间转移行为。在此主要采用省际的流入数、流出数与净流入率等指标反映人口流动状态。

一、我国人口流动现状

在我国实行改革开放之前，由于各种因素的影响，人口流动受到抑制，人口流动对我国区域经济发展的影响程度也有限。但随着改革开放的不断深

---

　　①　人户分离人口是指居住地与户口登记地所在的乡镇街道不一致且离开户口登记地半年以上的人口，包括市内人户分离人口和流动人口。

入，户籍政策的松动，我国人口流动速度加快（如图 3 – 17 所示），流动人口数量由 1982 年 657 万人增长到 2010 年 22143 万人，年均增长速度达 13.39%。

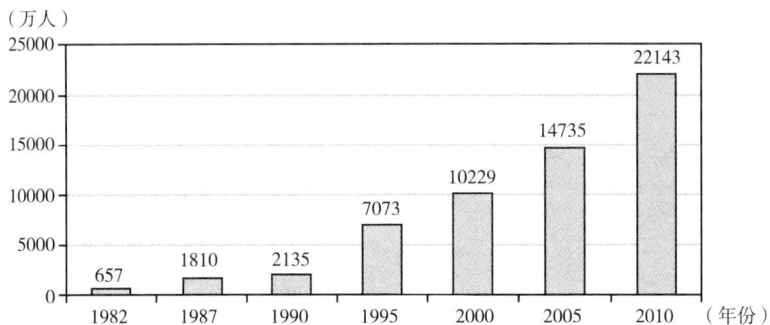

图 3 – 17 1982～2010 年我国人口流动规模

资料来源：根据《中国劳动统计年鉴》及"六普"相关数据计算、绘制。

"六普"数据显示，我国总人口中人户分离人口达到 26139 万人，与"五普"相比增加了 11700 万人，增幅达到 81.03%。其中，全国城市市内的人户分离人口为 3995.94 万人，比"五普"的 3600 万人，增长了 395.94 万人，增长率为 11%。地区间流动人口（人户分离人口减去市内人户分离人口）为 22143 万人，比"五普"时期的 10175 万人，增长了 1.17 倍。2010 年流动人口占总人口的比例为 16.53%，比"五普"时期的 8.19%，升了 8.34 个百分点。其中，广东省跨省流动人口规模从 2000 年的 2105.41 万人增加到 2010 年地 3128.16 万人，增加了 1022.75 万人，是跨省流动人口增长最多的省份；其后跨省流动人口增加规模的排序依次为上海、北京、浙江和天津；跨省流动人口增长速度最快的是天津市，跨省流动人口十年间增长 2.43 倍；而河南和安徽则是人口流出最多的省份。[①]

二、我国人口流动的特征

近十多年来，我国省际人口流动无论是在规模还是净迁移率都明显增加，

---

① 根据"五普""六普"数据计算。

流动人口的文化素质、从业结构等也都发生了显著变化，主要呈现出以下特征：

（1）省际人口迁移规模不断扩大。1995～2000年间省际迁移人口为323.03万人，在全部迁移人口中的比重为26.65%；而在2005～2010年间省际迁移人数增加到552.28万人，比重也上升到27.76%。人口迁移率①也由1995～2000年间9.78%增加到2005～2010年间15.02%。

（2）人口流动呈现出明显的区域特征。其中，净流入的省份主要集中在东部地区，而中、西部地区省份主要为净流出（见图3-18）。

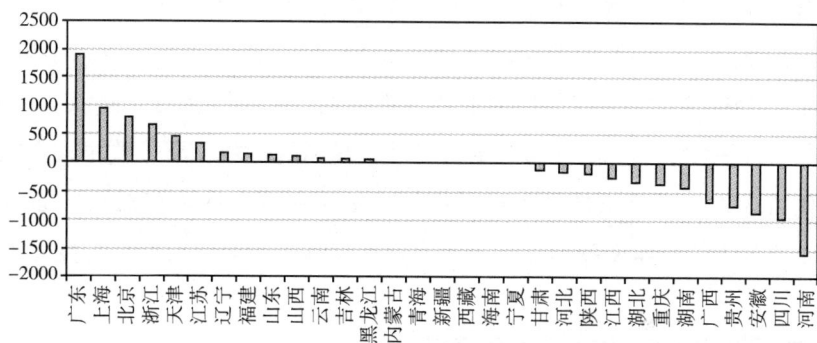

图3-18　2013年地区人口流动状态

资料来源：根据《中国统计年鉴》《中国人口和就业统计年鉴》相关数据计算、绘制。

图3-18中显示，我国最大的人口流入依次是广东、上海、北京、浙江等地，而最大的人口流出地分别是河南、四川、安徽等地。人口流动状态呈现出了显著的区域性特征。"六普"数据进一步显示，1995～2000年东部地区净流入人口比率为4.03%，而同期中、西部地区的人口流出比率分别为2.82%与2.01%；到2005～2010年间，人口流出规模进一步扩大，东部地区人口流入比率达到6.03%，中、西部地区的人口流出比率分别为4.75%与3.13%。

（3）流动人口的人力资本密度加大。随着我国社会经济的发展，人口流

---

① 即迁移人口占户籍人口的比例。

动环境也发生了一些新的变化:劳动力市场竞争加剧,受教育程度低者被挤出;贫困地区的收入水平有了较大幅度提高,使外出打工吸引力相对减弱;高等学校大规模扩招,每年有近千万高校毕业生加入流动人口;政府、各企事业单位不断推出吸引人才新措施,对海外人才的吸引力和凝聚力逐渐增强,使得海外人才流入增加。这些变化都极大改变了流动人口结构,使人力资本密度加大。

(4)人才流向呈现"马太效应"。[①]进入 21 世纪以后,我国的人口流动,尤其是其中受过高等教育的"人才"流动带有明显的地域非均衡性,学历越高,其流动的中心越指向中心城市或经济发达地区。在这些城市和地区饱和度一定的条件下,必将挤出受教育程度低者,从而使这些地区的人力资本或人才密度不断加大。2000 年以来的资料都表明,北京、上海、浙江、江苏一直稳居人才密度前列。除北京、上海之外,我国的另两个高等教育大省陕西、湖北则成为人才净流出地区。这可能得出如下结论:在人口流动的条件下,一个地方的人力资本密度与该地的人力资本投资(或教育投资)力度无关。

三、影响人口流动的主要因素

我国人口流动受到多方面因素的影响,其中主要包括以下六个方面:

(1)相对工资收入水平。这里的"相对工资收入水平"包括两层含义:一是相对于人口来源地,工资的绝对收入高,有其经济吸引力;二是在既定工资水平条件下,综合考虑了物价、住房等因素后其生存成本较低。一般地,这也是影响人口流动最主要的因素。

(2)产业结构。一个地方的产业结构对人口流动的影响主要表现在两个方面:一是其产业结构的就业吸纳能力;二是产业结构的技术门槛以及对流入人口的吸引力。

(3)人口饱和度。人口流入地在土地、水源、交通、生态等方面对人口

---

① 马太效应(Matthew Effect),圣经《新约·马太福音》中的一则寓言。是指好的愈好,坏的愈坏,多的愈多,少的愈少的一种现象。

的承载力都存在有限性。过量的人口流动会产生交通拥堵、环境污染和资源供给等问题，从而增加流入人口的生存成本，降低人口流入吸引力。

（4）公共服务水平。较高的公共服务水平意味着较高的福利水平和较好的生存环境。公共服务水平越高，对人口流入的吸引力就越大。例如，我国东部地区的公共服务水平远高于中、西部地区，又基于此，东部地区长期处于人口高速流入状态，年均约有占总常住人口0.2%的人口流入；中部地区处于人口缓慢流入状态，年均人口流入速度在0.1%以下；西部则长期处于人口流失状态，人口流失速度在0.2%左右。①

（5）城市等级。大城市不仅经济社会发展程度高，其地理和政治文化优势对人口流入也有较强的吸引力，因而目标城市的等级也是影响流动人口迁移决策的因素。

（6）户籍制度约束度。如果户籍制度在就业、住房、社会保障、子女上学等方面对人口的本地固化程度低，则有利于人口流动，否则会阻碍人口流动。

第四节　本书研究假说及检验方法

一、政府教育支出对经济增长效应研究假说

基于以上分析，并根据内生经济增长理论以及我国地方政府教育支出与地区经济增长实际，本书提出以下三个研究假说：

假说Ⅰ　在不考虑人口流动的前提下，地方政府教育支出对本地经济增长有积极的促进效应。

地方政府财政支出构成当期总需求，对当期的国内生产总值有促进作用。政府教育支出也不例外，教育经费开支购买教学设备、教育基础设施建设等，

---

① 李拓、李斌：《中国跨地区人口流动的影响因素——基于286个城市面板数据的空间计量检验》，载于《中国人口科学》2015年第2期。

将带动总需求，有利于经济增长，即使贡献率并不高，也应该在统计上表现出显著性；教育支出中的人员经费（如生均经费等）间接推动人力资本形成，这些人力资本对当期经济增长不一定有积极效应，但从长远来看，教育支出提升了劳动力的技术和管理知识等，根据内生增长理论应该对经济增长有促进效应。

但是，我国东部地区教育投入水平低下，经济却高速增长，西部地区的教育投入水平远远高于经济发展水平比其高得多的东部地区，但西部地区高水平投入的效益又大幅低于东部地区。因此，地方政府教育支出对其经济增长产生了何种影响，便成为一个必须首先回答的问题。

假说Ⅱ　地方政府教育支出存在空间外溢效应，这种效应会对本地以及其他地区的经济增长产生影响。

作为公共商品，教育支出具有空间外溢性，地方政府的教育支出一般会对本地及其他地区的经济增长产生正向效应。那么，我国地方政府的教育支出是否存在空间外溢？这种外溢对本地和其他地区的经济增长产生了何种影响？研究和问答这些问题不仅是本书的主要任务，也是下一步研究的基础。

假说Ⅲ　在人口流动的前提下，地方政府教育支出对本地经济增长的效应会减弱，且具有区域特征。

我国的户籍制度，以及以户籍制度为核心的一系列制度限制了人力资本的自由流动。但在开放经济条件下，教育投资的收益——人力资本的地区间流动成为必然。根据公安部门的统计，我国的人口流动数字在逐年攀升，截至2014年末，我国人口流动人口达到2.53亿人。这些流动人口将本地接受的教育，学到的技术知识进行扩散，外溢到其他地区，对流入地经济增长起到了直接的促进作用，反过来，对于人力资本输出地而言，教育投资形成的经济增长效应就会出现减弱。

那么，在我国中、西部地区人口向东部地区大规模流动的背景下，地方政府教育支出会对地方经济增长产生了何种影响？人口流动对流出地和流入地的经济增长有何影响？这些问题也是本书需要研究的核心问题。

基于以上假设，本书将探讨我国地方政府教育支出、人口流动与区域经济增长的关系。

二、假说检验基本方法－显著性检验

从计量经济学基本研究视角看，本书提出的三个研究假说实际上可以表述为一个解释变量 Y 和核心解释变量 X 间偏微分方程关系。其中，解释变量 Y 为经济增长，X 为政府教育支出[①]。实证检验以上各假说是否成立，就可以转化为计量经济学中的显著性检验。换言之，政府教育支出是否对经济增长有影响，就是检验 X 能否以及在多大程度上通过显著性检验。

结合本书的研究，在判定政府教育支出是否对经济增长有效应，就是检验政府教育支出变量（X）的系数值能否通过 t 检验，如果回归结果报告的 t 统计值大于系数分布临界值（双尾），则拒绝政府教育支出系数为 0 的原假设，即表明政府教育支出对经济增长有统计上显著的效应；反之，如果 t 统计值小于系数分布临界值（双尾），则接受政府教育支出系数为 0 的原假设，表明政府教育支出对经济增长在统计上没有显著效应。由于将 t 统计值与其分布临界值进行比较相对麻烦，通常给出 t 统计值的伴随概率（P 值），即显著性水平，进行辅助判断，概率 P 值越小，则原假设成立的概率越小，当回归分析给出的 P 值小于 0.1 时，一般就可以给出拒绝原假设的结论。本书在实证回归分析时采用的显著性检验基本为 t 检验，而在空间计量分析时采用了类似 t 检验。

本章小结

近三十年来我国教育增长持续增长，全国教育总投入占 GDP 的比重已经达到 4% 的目标，然而地方政府教育支出占公共财政支出以及教育总支出的比重依然非常低，但西部地区的政府教育投入比例远高于经济发达的东部地区；我国在各级教育毛入学率、在校生人数、平均受教育年限等方面

---

① 当然 Y 一定还受到其他因素向量 Z 的解释，此处以 X 为例具有共通性，不再对 Z 赘述。

都有稳步提高，但东、西部地区间仍存在较大差异，劳动力整体素质有待进一步提高；我国人口流动加速，东部成为最大流入地，而中、西部地区则为流出地。上述三点，实际上已经揭示了本书研究的逻辑起点，即地方政府的教育支出水平与其经济增长可能并不必然相关；由于人口流动，地方政府的教育投资效益与其投资水平可能也不必然相关。有基于此，并依据地方政府经济增长目标、政府教育投入、人力资本及其流动的现状，提出了本书研究的三点假设。

第四章 地方政府教育支出的经济 增长效应：基准模型分析

如前所述，教育支出的重要结果是人力资本的形成，人力资本对全要素生产率，进而对长期经济增长产生效应。本章分别基于时间序列和面板数据对我国省级地方政府的教育支出对地方经济增长的效应进行实证分析，探讨政府教育支出对经济增长作用的方向和程度。

第一节 政府教育支出对经济增长的影响——基于时间序列数据

地方政府教育支出对经济增长的作用路径主要是形成人力资本、提高劳动生产率，进而促进经济增长。一般而言，教育支出从开始到形成劳动要素生产率会有时滞效应，因为人们受教育需要时间积累。因此，在分析教育支出对经济增长时，需要考察一下地方政府教育支出变量的滞后项对经济增长的影响。这可以通过建立时间序列分布滞后模型进行实证分析[①]。

一、分布滞后模型

如果一个模型的滞后变量是解释变量的各滞后期，即：

[①] 时间序列模型主要用于分析变量在时间维度上相互关系，对于分析变量将同期以及跨期效应有其独特优势。但是，由于变量在时间维度上会出现序列相关，即随机误差项难以完全遵循独立同分布，因此需要重点考察变量的平稳性和协整关系。

$$y_t = a + b_0 x_t + b_1 x_{t-1} + b_2 x_{t-2} + b_k x_{t-k} + \varepsilon_t$$

这就是分布滞后模型，表明解释变量 x 对 y 的影响分布在各个时期。

分布滞后模型能够更加客观、准确地描述经济现象，更能体现经济的动态调整过程。但加入解释变量本身的滞后项会不可避免地造成多重共线性、自由度下降以及滞后期如何确定的问题。为解决这些问题，计量经济学者提出多种方法，如经验加权法、Almon 法等，Almon 法因比经验加权法更为科学而受到众多学者的青睐。

二、Almon 转换

上面的分布滞后模型也可以表示为：

$$y_t = a + b_0 + \sum_{i=0}^{k} b_i x_{t-i} + \varepsilon_t$$

b_i 可以用一个二项式表示：

$$b_i = \alpha_0 + \alpha_1 i + \alpha_2 i^2$$

把此二项式代入分布滞后模型，整理可得到：

$$y_t = \alpha + \alpha_0 \sum_{i=0}^{k} x_{t-i} + \alpha_1 \sum_{i=0}^{k} i x_{t-i} + \alpha_2 \sum_{i=0}^{k} i^2 x_{t-i} + \varepsilon_t$$

$$Z_{0t} = \sum_{i=0}^{k} x_{t-i}, Z_{1t} = \sum_{i=0}^{k} i x_{t-i}, Z_{2t} = \sum_{i=0}^{k} i^2 x_{t-i}$$

这就是 Almon 转换。

则原分布滞后模型可以表示为：

$$y_t = a + \alpha_0 Z_{0t} + \alpha_1 Z_{1t} + \alpha_2 Z_{2t} + \varepsilon$$

利用 OLS 法估计系数，进而可得到 b_i 的估计值

$$\hat{b}_0 = \hat{\alpha}_0, \hat{b}_1 = \hat{\alpha}_0 + \hat{\alpha}_1 + \hat{\alpha}_2$$

$$\hat{b}_2 = \hat{\alpha}_0 + 2\hat{\alpha}_1 + 4\hat{\alpha}_2, \cdots,$$

...

$$\hat{b}_k = \hat{\alpha}_0 + k\hat{\alpha}_1 + k^2\hat{\alpha}_2$$

在利用 Almon 转换估计分布滞后模型时，滞后期和多项式的次数是关键。一般而言，滞后期可以根据经济理论和实际经验，也可以通过相关系数得到。多项式次数也可以根据经济理论和实际经验来确定，一般取值 1~3。

三、实证分析

(一) 模型设定

为确定分布滞后模型的滞后期长度，可以对经济增长和政府教育支出的交互作用图进行分析，为保证较长的时间期限，本书选择了 1993~2013 年共 21 年的时间序列数据[①]，结果见图 4-1，图形由 Eviews 8.0 给出。

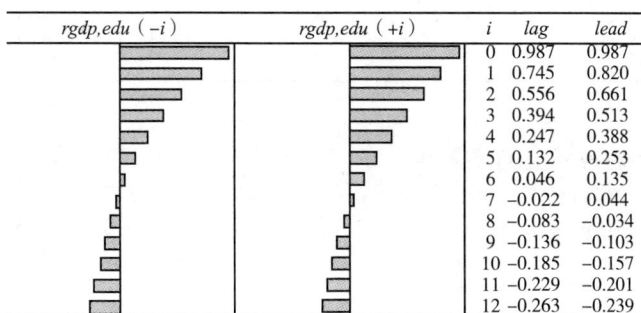

$rgdp,edu\,(-i)$	$rgdp,edu\,(+i)$	i	lag	$lead$
		0	0.987	0.987
		1	0.745	0.820
		2	0.556	0.661
		3	0.394	0.513
		4	0.247	0.388
		5	0.132	0.253
		6	0.046	0.135
		7	−0.022	0.044
		8	−0.083	−0.034
		9	−0.136	−0.103
		10	−0.185	−0.157
		11	−0.229	−0.201
		12	−0.263	−0.239

图 4-1　经济增长与政府教育支出的交叉关系

根据图 4-1，可以确定滞后期为 2 期，同时假定为二次多项式逼近，因此可设定以下简化式模型：

$$rgdp_t = \alpha + \beta_1 edu_t + \beta_2 edu_{t-1} + \beta_3 edu_{t-2} + \varepsilon_t$$

在该回归模型中，$rgdp_t$ 为基于 1993 年的实际国内生产总值，edu 为基于 1993 年的实际政府教育支出（公共财政教育支出），α、β 为待估计参数，ε

---

① 选择 1993 年主要基于考察我国市场经济战略目标提出之后的情形。

为符合 IID 的随机项。

(二) 数据来源与统计描述

以上简化模型中的变量 *rgdp* 和 *edu* 的数据均为水平值，其中被解释变量 *rgdp* 来自历年《中国统计年鉴》，并以 1993 年为基期，利用 CPI 平减为实际 GDP。解释变量 *edu* 数据来自《中国教育经费统计年鉴》，同样以 1993 年为基期，利用 CPI 平减为实际公共财政教育支出，两个变量的描述性统计见表 4 - 1。

表 4 - 1 　　　　　　　　　　变量统计描述　　　　　　　　　单位：亿元

统计项	*rgdp*	*edu*
平均值	13887.33	5038.530
中位值	9398.000	3057.010
最大值	38354.00	18586.70
最小值	2311.000	617.8286
标准差	10667.33	5026.858
观测值	21	21

(三) 回归分析及结果解释

在估计该回归模型时，本书采用 Almon 变换，所以 Z 为分布滞后项，两部分回归估计结果见表 4 - 2。

表 4 - 2 　政府教育支出对经济增长效应分布滞后模型回归结果（被解释变量 *rgdp*）

项目	解释变量	系数估计值
项目	C	3603.210 *** (5.378026)
Almon 转换项	Z_0	1.616897 *** (5.590549)
Almon 转换项	Z_1	0.627079 *** (4.556182)
Almon 转换项	Z_2	1.290240 (0.313704)

续表

解释变量	edu_t	1.95374 *** (3.65665)
	edu_{t-1}	0.61690 *** (2.59055)
	$\beta_3 edu_{t-2}$	0.30042 *** (3.14510)
sum of lags		2.87106 (4.85610)

注：（）内为 t 统计值；***、**、* 分别为 1%、5%、10% 的显著性水平。

从表 4 - 2 中的回归结果看，政府教育支出确实存在滞后效应，对该滞后效应可以从三方面看：

一是短期乘数效应，即解释变量变动一个单位对同期被解释变量的效应。就政府教育支出对经济增长的短期乘数效应而言，体现在 β 的估计值上，根据估计结果，β_1 等于 1.95374，且该系数在 1% 的水平下通过了显著性检验，表明政府教育支出对当期经济增长有显著的促进效应，政府教育支出增加 1 个单位，GDP 将增加 1.95374 个单位。

二是延期效应。延期效应是指解释变量在各滞后期的单位变化对被解释变量的影响，就政府教育支出对经济增长的延期效应体现在 β_2 和 β_3，结果显示 β_2 等于 0.61690，β_3 等于 0.30042，且均在 1% 的水平下通过了显著性检验，即政府教育支出的延期效应是 0.61690 和 0.30042。

三是长期效应。长期效应是解释变量对被解释变量总效应。就本书中政府教育支出对经济增长的长期效应是 $\beta_1 + \beta_2 + \beta_3$，表中汇报的结果显示：sum of lags 的系数值为 2.87106，该值即为政府教育支出对经济增长的总的长期效应。

通过分布滞后模型估计结果看，政府教育支出对经济增长有显著的促进效应，这种效应既有即期的，也有延期的，从总的效应看，1 个单位的政府教育支出会显著带来 2.87 个单位的增长。

（四）格兰杰因果检验

为进一步证实政府教育支出对经济增长的效应，可以采用格兰杰因果检验（Granger causality test）。

格兰杰因果检验由 2003 年诺贝尔经济学奖得主格兰杰（Clive Granger）开创，其基本含义是依赖于使用过去某些时点上所有信息的最佳最小二乘预测的方差。

在运用格兰杰因果检验时，需要注意两点：第一点格兰杰因果关系与中文语义中的"因果"并不是同一含义，前者表示在 X 与 Y 两个时间序列中，用 X 的过去值可以预测 Y 的未来值，是从时间维度上解释的"因果"，而后者是逻辑上的"因果"。第二点，在判断 X 与 Y 两个时间序列是否存在格兰杰因果关系的前提是两个序列必须是平稳的，或者至少是同阶的，否则极容易出现虚假格兰杰因果关系。

因此在进行格兰杰因果关系检验之前首先应对各指标时间序列的平稳性进行单位根检验（unit root test）。常用 ADF 检验来分别对各指标序列的平稳性进行单位根检验。

在采用 ADF 检验时，一般通过变量的趋势图来判断差分阶数、趋势和截距项。两个变量的趋势图见图 4 - 2。

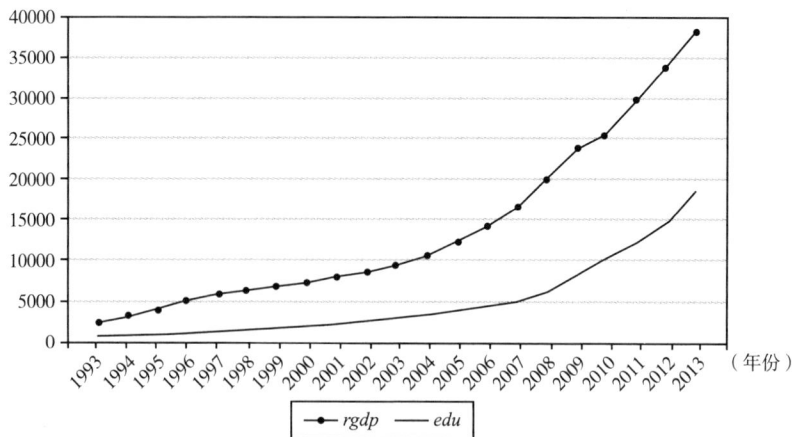

图 4 - 2   经济增长和政府教育支出趋势

根据图 4 - 2 中给出的两个变量的趋势图，给出 ADF 单位根检验结果，见表 4 - 3。

表 4 – 3　　　　　　　　　　　　　单位根检验

$rgdp$	原假设：D （edu, 2） has a unit root	趋势项, 截距项	ADF 统计值	结论
			– 5. 319433 ***	二阶平稳序列
edu	原假设：D （$rgdp$, 2） has a unit root	趋势项, 截距项	ADF 统计值	结论
			– 5. 847569 ***	二阶平稳序列

注：*** 表示 MacKinnon （1996）one-sided P 值小于 1%。

格兰杰因果检验对滞后期的选择非常敏感，鉴于本处时间序列的长度，本书分别选择滞后 2 期、4 期、6 期进行检验分析，结果见表 4 – 4。

表 4 – 4　　　　　　政府教育支出与经济增长格兰杰因果检验

原假设	滞后期	观测值	F 统计值	P 值
edu 不是 $rgdp$ 的格兰杰原因	2	19	0. 54470	0. 5918
$rgdp$ 不是 edu 的格兰杰原因			6. 96614	0. 0079
edu 不是 $rgdp$ 的格兰杰原因	4	17	4. 50914	0. 0336
$rgdp$ 不是 edu 的格兰杰原因			2. 02216	0. 1841
edu 不是 $rgdp$ 的格兰杰原因	6	15	10. 1338	0. 0925
$rgdp$ 不是 edu 的格兰杰原因			3. 84648	0. 2207

从表 4 – 4 汇报的结果看，短期（滞后 2 期）时，政府教育支出不是经济增长的格兰杰原因，但是从中长期（滞后 4 期、6 期）看，政府教育支出是经济增长的格兰杰原因。通俗点讲，从长期来看，政府教育支出能够解释经济增长。

第二节　模型设计与变量测度

前面采用时间序列数据分析了地方政府教育支出对经济增长的效应，由于时间序列模型对时期数（time periods）要求较为严格，多变量在短时期跨度的时间序列模型回归的结果对现实解释力有限，同时也难反映区域效应。面板数据将时间序列和截面数据进行综合，既有横截面信息，也有时间变动信息，结合两类数据形式的优点，因而更能有效反映经济现实。本节将采用面板数据，即我国 31 个省份 2003～2013 年间的数据进一步分析地方政府教育支出对经济增长的影响，以期得到更科学的结论。

一、模型设计

（一）基准模型

在讨论政府教育支出对经济增长的效应时，可以构建刻画这些变量的基准模型：

$$y = f(x, Z, \varepsilon) \tag{4-1}$$

y 代表经济增长，它既可以用 GDP 表示，也可以用 GDP 增长率或人均 GDP 增长率表示。x 代表政府教育支出，它通常用财政对教育的支出绝对值，也可用教育财政支出与 GDP 比值表示；Z 代表了一组对经济增长有潜在效应的控制变量，在现有的文献中，包括了诸如制度因素、投资因素、市场因素、开放因素等变量。ε 代表以上解释变量向量未能包括的其他随机因素，即随机误差项。

根据已有的理论研究，x 和 Z 对 y 有正向效应，即政府教育支出越多、制度越合理、投资效率越高，市场化程度越高，则其对经济增长就越更有贡献。但在特定的制度背景设置下，核心解释变量 x 因素的经济增长效应可能并不如理论上分析的那样在统计上显著。

（二）实证模型

根据前面理论分析和基准模型，本书设定政府教育支出对经济增长效应实证模型如下：

$$rgdpch_t = \alpha + \beta jyzc_t + \gamma Z_t + \varepsilon_t \tag{4-2}$$

模型（4-2）中 $rgdpch_t$ 表示人均实际 GDP 增长率，反映 t 年的经济增长，$jyzc_t$ 表示 t 年的政府对教育支出，Z_t 为对经济增长有效应的控制变量集合，包括财政分权（*czfq*）、固定资产投资（*gdzctz*）、市场化程度（*sch*）、对外开放程度（*kfd*）、城镇化程度（*czh*），ε_t 为模型中的随机扰动项，α、β、γ 分别为模型中的待估参数。

二、模型各变量测度

模型（4–2）中各变量的测度决定了实证回归分析的结果，本节对模型中的各变量的测度进行分析。

（一）核心变量的测度

在衡量一国或地区的经济增长时，经济学家通常用 GPD，人均 GDP 以及以上两者的增长率表示。在本模型中，*rgdpch* 为实际人均 GDP 增长率，它的计算过程是，首先算出人均 GDP，然后以基期 CPI 为基准，根据各报告期 CPI 将各个报告期的人均 GDP 进行平减得到与基期可比的实际人均 GDP，最后计算出人均 GDP 增长率。

政府教育支出的度量可采取绝对值和相对值两种方法，绝对值方法是消除了物价波动的政府对教育事业的支出，既包括公用经费支出，也包括人员经费支出。根据我国目前统计口径，政府教育支出主要是由公共财政预算教育事业费和基本建设支出两部分组成。相对值方法是用政府教育支出占当年 GDP 的比重来反映政府对教育的支持力度。

根据经典经济增长理论，人力资本是经济增长要素中的劳动要素，与物质资本一样对经济增长有着决定性作用，当然，人力资本理论中包括不可分割的两方面 Q-Q，即数量（quantity）–质量（quality），其中后者更为重要，它可通过提高全要素生产率（TFP）对长期经济增长产生积极效应。但根据前面章节对人力资本理论分析，人力资本主要通过教育投资和医疗卫生投资形成人力资本积累，因此人力资本的测度方法基于不同假设给出不同的替代指标。

通过梳理已有文献，学者主要围绕这"教育""健康""收入"三个维度进行测度。基于"教育"维度给出的指标主要有两个，分别是"毛入学率"

和"平均受教育年限",国内学者在相关研究时,"平均受教育年限"更为普遍。基于"健康"维度的指标主要有"医疗卫生占 GDP 的比重"和"平均预期寿命",它们分别从健康投入和产出两个方面反映了人的健康状况。基于"收入"维度给出的指标是劳动力的收入来反映人力资本的经济效应,这类指标在实际实证研究中较为少用。本书从教育的角度测度人力资本,因此采用了平均受教育年限法。计算的对象是户籍人口的平均受教育年限。

(二)控制变量的测度

根据新制度经济学的理论,经济增长根源于特定制度安排下经济主体面临的制度激励,在中国的制度背景下,在分析地方经济增长时,不可避免要分析中央和地方政府间的关系,即财政体制因素。以分税制为主要特征的财政分权体制对中国经济增长起到了至关重要的作用,国内外学者在研究经济增长决定因素时通常会考虑财政体制,但在刻画财政分权程度时采用的测度方法有不同。通常,学者们采用单一指标对财政分权进行测度,主要从收入和支出两个方面测度。从收入面看,主要用地方财政收入与全国财政总收入的比值表示;从支出面看,主要用地方财政支出与全国财政总支出的比值表示。这种从单一方面刻画财政分权的方法简单可得。但就我国而言,财政分权体制有其明显的特殊性,主要体现在财权和事权不匹配,因此仅从单一方面刻画可能会有偏差,即收入面测度结果倾向于分权程度低,支出面测度结果倾向于财政分权程度高。因此,需要找到一个更为科学的测度方法。本书采用储德银和张婷(2016)的方法,基于七个维度的综合指标对我国财政分权进行测度。

固定资产投资是当年国内生产总值的主要决定要素之一,同时也是形成资本存量的重要途径,对经济增长有决定性影响。固定资产既可以用其总额,也可以采用固定资产投资指数来替代,固定资产投资指数可以反映固定资产的增速,在实证研究中也通常会使用。

市场化是经济增长的决定要素之一,在众多实证研究文献中,尤其是解释经济增长绩效时,市场化指标是不可或缺的。目前,国内学者做相关实证研究时,绝大多数都是采用了樊纲等(2003)构造的市场化指数作为市场化的工具。该指数由五方面的维度，23 个子指标为基础，采用主成分分析法构造而成。本书也依据该指数作为市场化的替代。

城镇化指标在一定程度上反映了人口资源的在地理空间的再配置，在规模经济和集聚效应下，城镇化程度越高通常也意味着经济效率越高，本书用城镇人口占地区户籍总人口之比反映城镇化的程度。

开放度反映了地区商品与服务的对外开放程度，不是指与其他地区的商品和服务的贸易，而是与世界其他国家的经济贸易，包括出口和进口。本书用某地区的进出口总额与 GDP 的比值来反映开放程度。在统计年鉴中，进出口总额通常采用美元计价，本书将美元按当年人民币与美元的平均汇率折算为人民币进行计算。

第三节　政府教育支出的经济增长效应回归分析

一、变量选择、数据来源及其统计描述

（一）变量选择

根据第二节的论述，在政府教育支出、人力资本的经济增长效应实证分析中，选取的核心解释变量是政府教育支出（$jyzc$），控制变量有财政分权（$czfq$）、固定资产投资指数（$gdzctz$）、市场化指数（sch）、开放度（kfd）和城镇化（czh）。各变量的测算方法见表 4 - 5。

表 4 - 5　　　　　　　　实证分析中各变量测算方法及数据来源

变量	测　算	数据来源
实际人均 GDP 增长率	以 2003 年为基期的人均 GDP 增长率	历年《中国统计年鉴》与各省统计年鉴
政府教育支出	财政教育支出总额/当年 GDP	历年《中国统计年鉴》与《中国教育经费统计年鉴》
人力资本	平均受教育年限	历年《中国统计年鉴》与各省统计年鉴

续表

变量	测　算	数据来源
财政分权	$$SMM = \left| \sum_{k=1}^{7} w_k \left(1 + \frac{1}{\ln m} \sum_{j=1}^{m} p_{kj} \ln p_{kj} \right) r_{sk} - \left(1 + \frac{1}{\ln m} \sum_{j=1}^{m} p_j \ln p_j \right) r_s \right|$$	储德银和张婷（2016）
固定资产投资	固定资产投资指数	历年《中国统计年鉴》与各省统计年鉴
市场化指数	市场化指数	樊纲等（2003）
开放度	进出口总额/GDP（以中间价将美元折算为人民币）	历年《中国统计年鉴》与各省统计年鉴
城镇化	城镇居民人口数/总人口数	历年《中国统计年鉴》与各省统计年鉴

（二）模型中主要变量的统计性描述

本书中的数据类型为面板数据，包括了我国 31 个省份 2003 ~ 2013 年的数据，为消除各年的物价变动的影响，各时间序列数据均以 2003 年消费者价格指数（CPI）为基础，利用历年 CPI 进行平减处理。得到的各变量数据统计描述见表 4 - 6。

表 4 - 6　　　　　　　　　　　各变量统计性描述

项目	实际人均GDP增长率	政府教育支出	人力资本	财政分权	固定资产投资	市场化指数	开放度	城镇化
变量	rgdpch	jyzc	rlzb	czfq	gdzctz	sch	kfd	czh
平均值	0.171	0.030	8.119	0.443	0.033	6.823	0.348	0.468
中位数	0.170	0.025	8.183	0.421	0.032	6.580	0.131	0.441
最大值	0.370	0.138	11.173	0.941	0.133	12.040	1.721	0.893
最小值	0.001	0.013	3.738	0.299	-0.040	0.110	0.037	0.146
标准误	0.059	0.017	1.137	0.087	0.035	2.178	0.441	0.147

续表

项目	实际人均GDP增长率	政府教育支出	人力资本	财政分权	固定资产投资	市场化指数	开放度	城镇化
变量	rgdpch	jyzc	rlzb	czfq	gdzctz	sch	kfd	czh
偏度	0.087	3.014	−0.465	2.117	0.300	−0.250	1.829	1.147
Kurtosis	3.682	15.308	5.976	11.034	2.994	3.681	5.146	4.321
Jarque-Bera	4.473	1698.304	87.912	745.715	3.256	6.450	162.586	63.348
Probability	0.107	0.000	0.000	0.000	0.106	0.040	0.000	0.000
Sum	37.124	6.596	1761.743	96.231	7.209	1480.590	75.510	101.477
Sum² Dev.	0.171	0.030	8.119	0.443	0.033	6.823	0.348	0.468
观测数	341	341	341	341	341	341	341	341
截面数	31	31	31	31	31	31	31	31

二、变量平稳性与协整检验

（一）平稳性检验

在面板数据回归分析中，平稳性检验是重要的环节，是判断变量间是否存在协整关系前提。将变量进行自然对数化处理后，表 4−7 给出各变量平稳性检验结果。

表 4−7　　　　　　　　　各变量平稳性检验结果

方法	lnjyzc	lngdpch	lnczfq	lnczh	lngdzctz	lnkfd	lnrlzb	lnsch	lnrkld
Levin, Lin & Chu t*	−6.722	−9.203	−4.411	−11.832	−11.836	−4.541	(−0.746)	−14.319	−7.674
Breitung t-statistic	−4.397	NA	NA	NA	NA	NA	−2.3368	NA	NA
Im, Pesaran & Shin W-statistic	(−0.649)	−6.0834	NA	NA	−6.3067	NA	−2.5225	−4.3554	NA

续表

方法	ln*jyzc*	ln*gdpch*	ln*czfq*	ln*czh*	ln*gdzctz*	ln*kfd*	ln*rlzb*	ln*sch*	ln*rkld*
ADF-Fisher Chi^2	78.002	141.54	86.813	275.36	150.90	85.957	92.198	128.63	101.48
PP-Fisher Chi^2	157.00	213.75	193.94	466.04	(55.84)	111.49	248.21	166.74	208.76
平稳性	平稳	平稳	平稳	平稳	平稳	平稳	平稳	平稳	平稳

注：（）里的统计值表示没有通过显著性检验。为反映变量间的弹性关系，且降低数据波动幅度，表中各变量数据均已做自然对数 ln 处理。

表 4-7 报告了各个变量的平稳性检验，既报告了共同根的检验结果，也汇报了不同根的检验结果，不同方法下的检验结果可以判断各个变量均有平稳性。这种同阶平稳性为它们之间存在协整关系提供了条件。

（二）变量的协整检验

变量间协整反映变量之间的长期均衡关系，面板数据的协整检验方法可以分为两大类，一类是 E-G 两步法类，如 Pedroni 检验和 Kao 检验；另一类是 Johansen 迹协整检验类。本部分采用基于前者，即 E-G 残差的 KAO 和 Pedroni 检验方法进行协整检验，本部分首先将 ln*gdpch*，ln*jyzc* 以及 ln*gdzctz*，变量之间的协整性检验，检验结果见表 4-8。

表 4-8 　　　　　　　　　　**Kao 检验和 Pedroni 检验结果**

检验方法	检验假设	统计量名	统计量值（P 值）
Kao 检验	$H_0 : \rho = 1$	ADF	-6.787326（0.0000）*
Pedroni 检验	$H_0 : \rho = 1$	Panel v-statistic	2.588199（0.0048）
	$H_1 : (\rho_i = \rho) < 1$	Panel rho-statistic	-7.003229（0.0000）
		Panel PP-statistic	-8.249805（0.0000）
		Panel ADF-statistic	-6.779265（0.0000）
	$H_0 : \rho = 1$	Group-rho-statistic	-0.97891（0.1638）
	$H_1 : (\rho_i = \rho) < 1$	Group PP-statistic	-6.251475（0.0000）
		Group ADF-statistic	-6.754348（0.0000）

注：* 表示在 10% 的显著性水平下拒绝原假设而接受备择假设，滞后阶数由 SIC 准则自动选择。

表 4 - 8 中对经济增长与地方政府教育支出以及固定资产投资三个变量检验的样本区间为 2003 ～ 2013 年，结果表明，3 个变量间的面板数据之间存在协整关系。

三、回归分析

从核心解释变量教育支出与经济增长的图形上（见图 4 - 3）可以看出两者之间可能存在的相互关系。

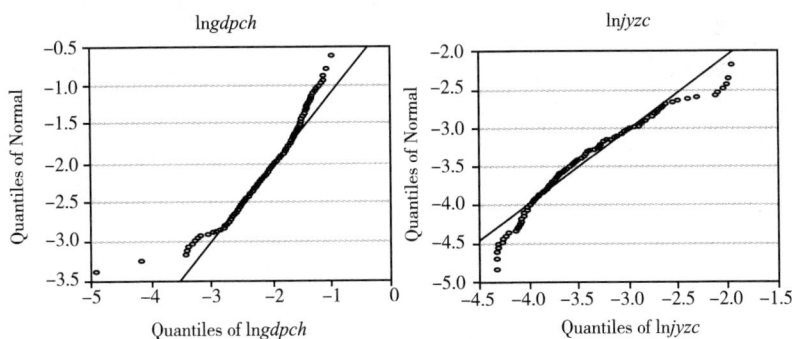

图 4 - 3　lngdpch 和 lnjyzc 分位数散点图

图 4 - 3 给出全国平均的人均 GDP 增长率和省级地方政府教育支出的分位数图，从图中可以直观看出：一是总体上两者均呈现出上升趋势；二是两者在上升过程中呈现凸凹性差异，这可能是区域性差异造成的。因此可以大致给出判断：从全国数据样本看，地方政府教育支出对经济增长的影响为正向效应，但这种效应可能存在区域性差异，也即从全国样本来看，地方政府教育支出对经济增长有积极的促进作用，但在区域性局部样本上可能出现不同的结果。

（一）基于全国面板样本数据的分析

依据全国面板样本数据对地方政府教育支出对经济增长的效应进行估计分析，回归结果见表 4 - 9。

表 4 - 9   **全国样本下地方政府教育支出对经济增长效应回归结果**

项 目	全样本回归					
	模型 1 (截面固定效应)	模型 2 (截面固定效应)	模型 3 (截面固定效应)	模型 4 (截面固定效应)	模型 5 (截面固定效应)	模型 6 (截面固定效应)
解释变量	人均 GDP 增长率	人均 GDP 增长率	人均 GDP 增长率	人均 GDP 增长率	人均 GDP 增长率	人均 GDP 增长率
ln$jyzc$	0.039 *** (2.348)	0.187 *** (2.591)	0.203 *** (2.201)	0.450 *** (2.946)	0.190 *** (2.350)	0.190 *** (2.347)
ln$czfq$		0.324 (0.939)	0.072 (0.268)	-0.022 (-0.069)	-0.083 (-0.376)	-0.098 (-0.431)
ln$gdzctz$			0.227 *** (9.573)	0.197 *** (6.079)	0.209 *** (6.884)	0.210 *** (6.869)
lnsch				0.782 * (1.725)	0.133 (0.962)	0.129 (0.926)
lnkfd					0.127 *** (3.204)	0.132 *** (3.120)
lnczh						0.036 (0.311)
截距项（C）	-1.795 *** (-5.504)	-2.274 *** (-1.987)	-1.922 *** (-5.615)	-4.221 *** (-2.620)	-2.256 *** (-5.471)	-2.238 *** (-5.358)
调整可决系数（Adjusted R^2）	0.012	0.281	0.481	0.438	0.326	0.326
样本数（Observations）	341	341	341	341	341	341
F-statistic	4.005	3.009	5.983	3.530	16.635	13.806
Prob（F-statistic）	0.000	0.000	0.000	0.000	0.000	0.000
Hausman 检验 （Chi^2 statistic P 值）	0.0036	0.002	0.019	0.009	0.023	0.090

注：（）内为 t 值；*** 、** 、* 分别表示1%、5%、10%显著性水平。

表 4 - 9 给出了全国 31 个省份 2003~2013 年全样本回归结果，首先通过 Hausman 检验来判断，模型应该采取固定效应还是随机效应，该检验的原假设（H_0）是应该采用随机效应而非固定效应，从 Chi statistic P 值看，模型 1 至模型 6 均在 10% 的显著水平下拒绝了原假设，即采用固定效应更为有效。

其次看模型整体性拟合情况：通常情况下，回归模型中增加解释变量调整可决系数值，但也牺牲了自由度，因此，调整可决系数 Adjusted R^2 比单一的可决系数更适合讨论解释变量对被解释变量的解释程度。整体显著性检验 F 统计值检验了回归模型的整体的线性关系是否显著。通常情况下，拟合优度越高，整体显著性也越强。从整体显著性检验结果看，模型 1 至模型 6 都通过了 F 检验，表明 6 个模型整体上显著解释了经济增长。

需要对核心解释变量地方教育支出 lnjyzc 予以特别观察，该变量在所有模型回归结果中通过了变量显著性检验，且回归系数为正，表明地方政府教育支出对经济增长在统计上有显著的积极效应。这与前面的理论分析相符。理论上讲，地方政府对本地教育投资，无论何种层次的教育，都应包含对公用设施和人员经费的支出，前者通常会直接计入当年的 GDP 中，且按照内生增长理论，教育投入形成的人力资本是促进经济增长的重要因素。因此，从总体上看，该结果符合预期。

但在解释程度上有差别。在模型 1 中，调整可决系数仅为 0.012，即地方政府教育支出仅解释了经济增长的 0.012，这是一个很低的水平，意味着除了地方政府教育支出变量外，必定有其他变量解释了地方经济增长。为了增加地方政府教育投资经济增长效应结果的稳健性，依次增加了控制变量，即模型 2 至模型 6。随着解释变量的增加，调整可决系数并未呈现单调上升的态势，而是先上升再下降，表明解释我国地方经济增长的决定性因素并非所有，可能集中在某个或某几个特定的变量上。

从这些模型的回归结果看，模型 3 的可决系数最大，表明地方政府教育支出、财政分权和地方固定资产投资共同解释了经济增长的 48.1%，其中地方政府教育支出和固定资产投资都在 1% 的水平下通过了显著性检验，其中 lnjyzc 的系数估计值是 0.203，即就全国而言，教育支出增长 1%，经济增长率将提高 0.203%。再比较其他模型回归结果，可以发现，地方政府教育支出、固定资产投资、开放度三个变量较为稳健地解释了地方经济增长。而财政分权、市场化和城镇化变量没有在 10% 水平下通过显著性检验。具体来看，从其他控制变量回归的结果看，只有固定资产投资率和对外开放程度两个变量显示统计上的显著性，且对经济增长的效应为正，其中固定资产投资对地方经济增长的效应最为明显，在模型 3 至模型 6 中，固定资产投资率每增加 1%，经济增长将增加 0.2% 左右，对外开放度变量值每增加 1% 经济增长将增加 0.12% ~ 0.13%。这从侧面也证实了我国地方经济增长的主要驱动因素。

（二）基于三大区域的数据分析

从模型 1 至模型 6 的回归结果看，在全国样本下，核心解释变量"地方政府教育支出"对经济增长有显著的正向效应，表明地方政府教育支出总体上对我国地方经济增长有积极的贡献，但考虑到全样本回归下的统计噪声，如忽视每个省份所在地理空间区域、面积大小、产业结构的显著差异。另外，教育投资形成的人力资本存在跨区流动，这种跨区流动形成的教育外溢可能弱化了教育投资对本地经济增长的影响。因此，需要在分区域基础上进一步分析教育投资对经济增长的影响。

1. 东部地区

表 4 – 10 汇报了东部区域地方政府教育投资对经济增长的回归结果。

表 4 – 10　　　　　东部地区政府教育投资对经济增长回归结果

项　目	东部样本回归					
	模型 7（截面固定效应）	模型 8（截面固定效应）	模型 9（截面固定效应）	模型 10（截面固定效应）	模型 11（截面固定效应）	模型 12（截面固定效应）
解释变量	人均 GDP 增长率	人均 GDP 增长率	人均 GDP 增长率	人均 GDP 增长率	人均 GDP 增长率	人均 GDP 增长率
ln$jyzc$	0.413 ***（2.386）	0.134 ***（3.333）	0.703 ***（5.263）	0.042 ***（3.110）	0.038 ***（2.101）	0.295 **（1.803）
ln$czfq$		2.611 ***（2.262）	3.494 ***（3.302）	2.910 **（1.857）	2.609 *（1.677）	2.570 **（1.732）
ln$gdzctz$			0.128 ***（5.181）	0.091 ***（2.474）	0.087 ***（2.409）	0.055 *（1.696）
lnsch				0.802（1.173）	1.157（1.628）	1.157 *（1.707）

续表

项　目	东部样本回归					
	模型 7（截面固定效应）	模型 8（截面固定效应）	模型 9（截面固定效应）	模型 10（截面固定效应）	模型 11（截面固定效应）	模型 12（截面固定效应）
解释变量	人均 GDP 增长率	人均 GDP 增长率	人均 GDP 增长率	人均 GDP 增长率	人均 GDP 增长率	人均 GDP 增长率
lnkfd					−0.388（−1.581）	−0.408*（−1.742）
lnczh						−0.322***（−2.444）
截距项（C）	−0.474（−0.418）	−0.770（−0.553）	−1.780***（−2.746）	1.994（0.705）	2.667（0.946）	3.199（1.185）
调整可决系数（Adjusted R^2）	0.457	0.480	0.489	0.491	0.515	0.568
样本数（Observations）	121	121	121	121	121	121
F-statistic	5.473	6.091	7.962	3.513	3.542	4.024
Prob（F-statistic）	0.000	0.000	0.000	0.000	0.000	0.000
Hausman 检验（Chi^2 statistic P 值）	0.016	0.001	0.000	0.011	0.018	0.002

注：（）内为 t 统计值；***，**，*分别为 1%，5%，10%的显著性水平。

　　从表 4-10 给出的各模型回归结果看，Hausman 检验可以判定模型 7 至模型 12 均为截面固定效应。核心解释变量地方政府教育支出系数估计值在所有模型中均在 10%的显著性水平下通过检验，表明政府教育支出对经济增长的效应十分稳健。根据比较各模型的拟合优度和整体显著性，可以判断出模型 12 对东部地区数据集有最好的拟合。

　　从表 4-10 给出的各模型回归结果看，Hausman 检验可以判定模型 7 至模型 12 均为截面固定效应。核心解释变量地方政府教育支出系数估计值在所有模型中均在 10%的显著性水平下通过检验，表明政府教育支出对经济增长的影响十分稳健。根据比较各模型的拟合优度和整体显著性，可以判断出模型 12 对东部地区数据集有最好的拟合。

　　在模型 9 中该变量系数估计值在 1%的水平下通过显著性检验，通过解释模型 9 的结果反映教育支出与经济增长的情况。模型 9 的回归结果是，核心解释变量 lnjyzc 对经济增长的弹性贡献为 0.295，即地方政府教育支出每增长 1%，人均 GDP 增长率将增长 0.295%，表明教育支出对经济增长的贡献是很明显的。与全国的情况比，东部地区政府教育支出对经济增长无论从统计上还是非统计上都优于全国平均水平，为什么会出现这种情形？是因为东部地区政府教育支出从过程到结果效率更高？还是因为东部地区人力资本具备更高的生产力？

从模型 9 还可以看到两个控制变量财政分权（czfq）和固定资产投资（gdzctz）均在 1% 的显著水平下通过了显著性检验，表明它们各自对经济增长有显著的影响，其中财政分权程度提高会较大幅度提高经济增长率，财政分权程度提高 1%，人均 GDP 增长率将提高 3.49%。固定资产投资率增长 1%，经济增长率将提高约 0.13%。在其他模型中，也可以看到这两个控制变量都通过了显著性检验，对经济增长有较为显著的影响。

2. 中部地区

表 4-11 汇报了中部区域地方政府教育支出对经济增长影响的回归分析结果。

表 4-11　　　　中部地区政府教育投资对经济增长回归结果

项　目	中部样本回归					
	模型 13（截面随机效应）	模型 14（截面固定效应）	模型 15（截面随机效应）	模型 16（截面随机效应）	模型 17（截面随机效应）	模型 18（截面随机效应）
解释变量	人均 GDP 增长率	人均 GDP 增长率	人均 GDP 增长率	人均 GDP 增长率	人均 GDP 增长率	人均 GDP 增长率
lnjyzc	0.783 *（1.809）	1.377 ***（2.932）	0.180 *（1.687）	0.215 **（1.810）	0.353 *（1.747）	0.383 *（1.700）
lnczfq		8.166 ***（2.330）	0.134（0.268）	0.274（0.430）	0.182（0.321）	0.068（0.091）
lngdzctz			0.241 ***（7.686）	0.136 ***（3.140）	0.128 ***（3.014）	0.129 ***（2.932）

续表

项 目	中部样本回归					
	模型 13（截面随机效应）	模型 14（截面固定效应）	模型 15（截面随机效应）	模型 16（截面随机效应）	模型 17（截面随机效应）	模型 18（截面随机效应）
解释变量	人均 GDP 增长率	人均 GDP 增长率	人均 GDP 增长率	人均 GDP 增长率	人均 GDP 增长率	人均 GDP 增长率
lnsch				0.197 (0.715)	0.057 (0.210)	0.021 (0.068)
lnkfd					−0.161 * (−1.777)	−0.133 (−1.060)
lnczh						−0.140 (−0.499)
截距项（C）	−4.762 *** (−4.712)	0.385 (0.157)	−1.696 *** (−3.556)	−1.039 (−1.132)	−0.558 (−0.646)	−0.333 (−0.327)
调整可决系数（Adjusted R^2）	0.186	0.457	0.524	0.350	0.398	0.396
样本数（Observations）	88	88	88	88	88	88
F-statistic	8.080	10.895	21.973	5.791	12.353	4.473
Prob（F-statistic）	0.006	0.001	0.000	0.001	0.000	0.001
Hausman 检验（Chi^2 statistic P 值）	0.785	0.023	0.205	0.503	0.536	0.793

注：（）内为 t 统计值；*** 、** 、* 分别为 1%、5%、10% 的显著性水平。

通过 Hausman 检验结果看，除模型 14 外，其他模型均应采取截面随机效应，核心解释变量政府教育支出 ln$jyzc$ 在所有模型中都在 10% 水平下通过了显著检验，表现出其对经济增长贡献的稳健性。再看拟合优度 Adjusted R^2 和整体显著性检验 F 值，在模型 13 至模型 18 中，无论是调整可决系数（拟合优度）还是整体显著性统计值 F，模型 15 的回归结果最为理想，政府教育支出、财政分权和固定资产投资三个变量解释了经济增长的 52.35%，且整体显著。从模型 15 的结果看，核心解释变量 ln$jyzc$ 对人均 GDP 增长率的影响系数估计值在 10% 的水平下通过了显著性检验，表明地方政府教育支出对经济增长有较为显著的积极影响，具体来说，教育支出增长 1%，人均 GDP 增长率增长

0.18%。从控制变量看，财政分权没有在10%的水平下通过显著性检验，表明了中部地区的财政分权程度对经济增长产生了正向影响，但在统计上并不显著，虽然其系数估计值为正数。从固定资产投资变量的回归结果看，固定资产投资在1%的显著性水平下通过显著性检验，表明固定资产对经济增长在统计上有非常显著的影响，固定资产投资率每增长1%，人均GDP增长率将增长0.24%。在模型16至模型18中，其他控制变量如开放度、城镇化水平等均没有在10%的水平下通过显著性检验，即在中部地区，开放度和城镇化变量并非是解释经济增长的关键因素。

3. 西部地区

表4-12是对西部区域地方政府教育投资对经济增长影响的回归分析结果。

表4-12　　　　　西部地区政府教育投资对经济增长回归结果

项　目	西部样本回归					
	模型19（截面随机效应）	模型20（截面随机效应）	模型21（截面随机效应）	模型22（截面随机效应）	模型23（截面随机效应）	模型24（截面随机效应）
解释变量	人均GDP增长率	人均GDP增长率	人均GDP增长率	人均GDP增长率	人均GDP增长率	人均GDP增长率
ln$jyzc$	0.165 **（1.943）	0.241 ***（2.348）	0.116（0.960）	0.234（1.448）	0.204（1.587）	0.244（1.602）
ln$czfq$		-0.305（-1.012）	0.088（0.311）	0.076（0.231）	0.068（0.219）	0.034（0.106）
ln$gdzctz$			0.447 ***（8.250）	0.480 ***（7.157）	0.478 ***（7.172）	0.477 ***（7.231）
lnsch				0.260（0.936）	0.308（1.249）	0.307（1.209）
lnkfd					-0.225 ***（-2.147）	-0.212 **（-1.945）
lnczh						0.247（0.862）

续表

项 目	西部样本回归					
	模型 19（截面随机效应）	模型 20（截面随机效应）	模型 21（截面随机效应）	模型 22（截面随机效应）	模型 23（截面随机效应）	模型 24（截面随机效应）
解释变量	人均 GDP 增长率	人均 GDP 增长率	人均 GDP 增长率	人均 GDP 增长率	人均 GDP 增长率	人均 GDP 增长率
截距项（C）	-2.357^{***} (-8.602)	-2.823^{***} (-5.711)	-0.494 (-0.952)	-1.219 (-1.482)	-1.926^{***} (-2.348)	-1.619^{**} (-1.779)
调整可决系数（Adjusted R^2）	0.029	0.051	0.483	0.493	0.542	0.539
样本数（Observations）	132	132	132	132	132	132
F-statistic	3.824	2.834	24.893	14.359	13.731	11.108
Prob（F-statistic）	0.053	0.063	0.000	0.000	0.000	0.000
Hausman 检验（Chi^2 statistic P 值）	0.831	0.807	0.794	0.329	0.481	0.338

注：（ ）内为 t 统计值；*** 、** 、* 分别为 1%、5%、10% 的显著性水平。

表 4-12 汇报了西部地区地方政府教育支出对区域经济增长的影响。同以上分析思路一致，首先 Hausman 检验结果表明模型 19 至模型 24 均应采用截面随机效应模型回归分析，核心解释变量 ln$jyzc$ 的稳健性并没有得到体现。其次看调整可决系数 Adjusted R^2 和模型整体显著性检验结果，通过比较认为模型 23 的回归结果无论是拟合优度还是整体显著性都较为理想。从模型 23 的结果看，核心解释变量 ln$jyzc$ 没有在 10% 的水平下通过显著性检验，系数估计值是 0.26，表明在西部地区，地方政府教育支出对经济增长有正向影响，但在统计上并不显著。控制变量中固定资产投资 ln$gdzctz$ 对经济增长的效应在 1% 的显著性水平下通过检验，再次表明固定资产投资对西部地区的经济增长有着非常显著的促进作用，具体来讲，固定资产投资率每增长 1%，人均 GDP 增长率将提高 0.48%。开放度变量 lnkfd 在 1% 的显著性水平下通过显著性检验，但其对经济增长的效应是负的，即开放程度越高，对当地经济增长是显著的负效应。

从全国、东部、中部和西部分别回归的总体结果看，政府教育支出对经济增长的效应存在区域性差异：全国样本下，政府教育支出对经济增长的贡献弹性是 0.203。其中，东部地区的贡献弹性是 0.295，中部地区是 0.180，西部地区估计值是 0.204 但并没有通过显著性检验。显然，东部地区政府教育支出对经济增长的贡献较之中、西部地区更为明显。换言之，东部地区每支出一单位教育经费，可以带来较之中、西部地区更高的经济增长结果。西部地区政府教育支出变量的系数估计值为正但统计上不显著的经济含义是政府教育支出在该区域对经济增长并未显著解释。

上述结论的启示是：政府教育支出与其经济增长在空间上具有差异性——中、西部地区政府教育支出占 GDP 的比重远高于东部地区，但其政府教育支出对经济增长的贡献却低于东部地区。产生这种差异性的原因可能有多种，但考虑到教育的公共商品外溢性，尤其是教育提供者①的属地性和接受者的流动性之间的矛盾，本书认为，教育产出的地理空间溢出可能是导致上述差异的重要原因。

本章小结

本章基于我国 31 个省份 2003～2013 年的数据对我国省份的地方政府教育支出的经济增长效应进行了实证分析，同时也检验了财政分权、固定资产投资、市场化、开放度以及城镇化等对经济增长的影响。

本章的主要结论是，地方政府教育支出对经济增长具有积极的促进作用，但这种作用在区域之间存在差异。从全国样本看，地方政府教育支出对经济增长整体呈正向影响，且在统计上通过了显著性检验，证实了"地方政府教育支出对经济增长有积极的正效应"的研究假说，即地方政府教育支出推动了我国经济增长；随后将全国样本划分为东部、中部和西部三大区域，分别进行了实证分析，结果表明，东部区域和中部区域的地方政府教育支出对区域经济增长具有积极的正向效应，且在统计上显著，西部地区虽然也呈现正

---

① 特指地方政府提供的教育。

向效应，但这种效应在统计上不显著。从控制变量看，最具有稳健一致性的变量是固定资产投资率，该变量始终在 1% 的显著性水平下对经济增长有积极效应，这也能从另一个角度说明我国经济增长的重要驱动力是固定资产投资。

本章结论的启示是，政府教育支出与其经济增长在空间上具有差异性，而导致这种差异的一个重要原因可能是教育产出的地理空间溢出。因此，有必要进一步考察地方政府教育支出效益空间外溢对地方经济增长的影响。

第五章 地方政府教育支出的区域经济增长效应：空间外溢分析

上一章的基准模型分析考察了地方政府教育支出对经济增长的影响，表明了地方政府教育支出对经济增长有积极的促进作用，但这种作用具有明显的区域特征，东部地区较之中、西部地区其教育支出对经济增长的效应更显著。考虑到教育的公共商品特征、知识扩散以及地方政府教育服务供给决策行为等因素，本书认为地方政府教育支出具有空间外溢效应且这种效应对地方经济增长有影响。为检验该假说，本章在基准分析的基础上，将地方政府教育支出的空间特征纳入经济增长的分析中，基于空间计量模型进行回归分析。

第一节 地方政府教育支出效应空间外溢理论模型

在讨论经济变量的空间外溢效应，尤其是具有主观能动性的地方政府决策变量时，必须考虑该决策在地理空间与其他地方政府的相互依赖问题，这种决策空间互动对区域经济增长也将产生直接或间接的影响。空间外溢效应的理论模型主要有"外溢模型"和"资源流动模型"，这两种模型对我们理解地方政府教育支出及其对经济增长的效应有很大帮助①。

---

① 外溢效应（spillover effect）在众多不同文献中被使用，如在索罗式增长模型系列文献中提到知识外溢（knowledge spillover），此类文献中，主要考察知识在时间和空间两个维度上的经济效应。又如在空间计量模型巴斯勒和凯斯（Besley & Case, 1995）使用外溢效应用于研究空间互动（interaction）问题，考察经济决策主体的策略互动。本书所指的"空间外溢效应"包含了以上两个重要文献系列的含义，即考察了地方政府教育支出的空间互动，也考察了其对区域经济增长的效应。

一、空间外溢模型

空间外溢模型（spatial spillover model）源自区域经济学以及空间计量经济学的基本思想，主要考察经济主体的决策的非独立性问题，即在特定区域内的决策单元（decision making unit）通常不会仅考虑所处区域的环境，还会考虑其他区域的因素。政府作为区域中的决策元同样如此。

如果把地方政府的行为目标 V 设定为：

$$V(z_i, z_{-i}; X_i) \qquad (5-1)$$

在方程（5-1）的目标函数中，z_i 表示为 i 地方政府的政策，z_{-i} 表示为其他地方政府的政策，X_i 其他决定政府目标的向量。

在目标最优化的趋势下，政府会有效配置 z_i，使得 $\partial V/\partial z_i \equiv Vz_i = 0$，显然本方程的解中自变量包含了 z_{-i} 和 X_i，换一种函数表达方式：

$$z_i = R(z_{-i}; X_i) \qquad (5-2)$$

方程（5-2）中 R 表示反应函数（reaction function），实际上代表了地方政府 i 相对于其他地区政策选择的最优反应。

学界另外较为常用的标尺竞争模型（yardstick competition model）实际属于空间外溢模型的特定类型。在该模型中，决策元（agent）为辖区内的投票人，投票人会将本地区公共服务的供给成本与其他地区进行比较，以判断本地方政府行为的效率。用模型表示就是投票人目标效用是 $U(y_i - T_i, q_i; \tilde{X}_i)$，其中，$T_i$ 是税收，q_i 是公共服务水平。在一定的公共服务供给水平下，投票人贡献的税收有无浪费无法直接观测得到，但却可以比较其他地区相似公共服务水平下税收的高低来判断。

二、资源流动模型

资源流动模型（resource flow model）从本质上讲也属于经济主体反应类模型。该模型认为各地间资源是可以自由流动的，但资源在区域间的配置并不是随机的，而是受到特定激励。假定某地区 i 的目标函数是：

$$\tilde{V}(z_i, s_i; X_i) \qquad (5-3)$$

其中，s_i 是本地区所有拥有的资源量，它配置到本地区的数量受到 z 向量以及其他变量的影响。因此，地区 i 可得资源数量可表达为：

$$s_i = H(z_i, z_{-i}; X_i) \qquad (5-4)$$

将方程（5-4）代入方程（5-3）可得到资源流动模型简化式：

$$\tilde{V}[z_i, H(z_i, z_{-i}; X_i)] \equiv V(z_i, z_{-i}; X_i) \qquad (5-5)$$

空间外溢模型和资源流动模型在语言表达上虽有差异，但从函数形式是却是非常相似，z_i，z_{-i} 和 X_i 都是目标函数的解释变量。方程（5-5）的最优化结果就是方程（5-2），只不过资源流动的目标函数形式上更为复杂而已。

以上两类模型最终都归结出地区决策元的反应函数。在实证研究中，学者们通常会给出一个待估计的回归模型，即：

$$z_i = \beta \sum_{j \neq 1} \omega_{ij} z_j + X_i \theta + \varepsilon_i \qquad (5-6)$$

其中，β 和 θ 是待估计参数，而 β 反映了各地区之间的互动关系，ε_i 是随机扰动项，ω_{ij} 是事先确定的非负空间权重矩阵。

第二节　空间计量回归模型介绍

在实证研究中，为考察区域之间经济主体的空间互动，需要估计方程（5-6），这个估计过程比较复杂。首先，要考察决策单元 z 在区域间是否存在相互关联；其次，在估计模型的选择上要依据一定的计量经济学统计方法。本节主要介绍空间单元的集群（互动），以及空间计量回归模型的选择基本理论。

一、空间自相关和集群分析方法

检验区域决策单元空间相关性存在与否，较为常用的方法或指标是 Moran's I。根据（吴玉鸣，2005），Moran's I 的定义如下：

$$Moran'I = \frac{\sum_{i=1}^{n} \sum_{j=1}^{n} W_{ij}(Y_i - \bar{Y})(Y_j - \bar{Y})}{S^2 \sum_{i=1}^{n} \sum_{j=1}^{n} W_{ij}} \tag{5-7}$$

其中，$S^2 = \frac{1}{n} \sum_{i=1}^{n} (Y_i - \bar{Y})$；$\bar{Y} = \frac{1}{n} \sum_{i=1}^{n} Y_i$；$Y_i$ 是第 i 地区观测值，本书中指地方政府教育支出、区域经济增长；n 是地区总数，本书中指省级地方政府；W_{ij} 为空间权重矩阵（spatial weighted matrix），该矩阵的元素设定一般可采用空间邻近标准或空间距离标准，其作用是确定区域间决策单元连接关系，最为常用的邻近矩阵（即 0~1 矩阵），矩阵元素 W_{ij} 的取值遵循：

$$W_{ij} = \begin{cases} 1, 当区域\ i\ 和区域\ j\ 相邻 \\ 0, 当区域\ i\ 和区域\ j\ 不相邻 \end{cases} \tag{5-8}$$

其中，$i = 1, 2, \cdots, n$；$j = 1, 2, \cdots, m$；$m = n$ 或 $m \neq n$。

根据定义，Moran's I 的值应该在 [-1, 1] 的区间内。如果该值为正数，表示地区间研究对象间存在正相关关系，如果该值为负数，表示研究对象间是负相关关系，而如果该值为零，表示研究对象在空间上是相互独立即不相关。

为了更直观反映区域研究对象的空间依赖关系，可以绘制出 Moran's I 散点图（scatter plot），该散点图将各地区的变量划分为四个象限。不同的象限识别地区间不同的关系。若散点落在第 I 象限，表示研究对象数值高的地方被同样高的地方环绕，即 H-H：high-high；若散点落在第 II 象限，表示研究对象数值低的地方被数值高的地方环绕，即 L-H：low-high；若散点落在第 III 象限，表示研究对象数值低的地方被数值同样低的地方环绕，即 L-L：

low – low；若散点落在第Ⅳ象限，表示研究对象数值高的地方被数值低的地方环绕，即 H-L：high-low。基本上，第Ⅰ、第Ⅲ象限的散点表示空间正相关关系（相同值聚集），第Ⅱ、第Ⅳ象限的散点表示空间负相关关系（不同值聚集）。如果散点在四个象限中均匀散落，则表示地方之间的研究对象不存在空间聚集（互动）。

二、空间计量模型

根据空间计量经济学，空间效应分为空间相关和空间差异，相应的回归模型也分为空间滞后模型和空间误差模型，这个两类模型均可用来考察空间互动的性质和强度，接下来简单介绍两类模型的知识。

(一) 空间滞后模型

空间滞后模型（spatial lag model）基于经典回归模型 $Y = X\beta + \varepsilon$，考察空间因素，加入空间内生变量得到。该模型重点考察地区内研究对象（变量）是否对其他地区该类变量有外溢效应，该类模型的基本形式为：

$$Y = \rho WY + X\beta + \varepsilon \tag{5-9}$$

其中，Y 为因变量；X 为 $n \times k$ 自变量矩阵；ρ 为空间估计系数参数，它反映研究对象空间依赖性质，即 Y 在区域间相互影响的"方向"（符号决定）和"程度"（数值决定）；WY 为空间滞后因变量；ε 为随机扰动项。

$\rho > 0$ 表示正外溢效应、相互模仿（互补）效应，反之，$\rho < 0$ 表示负外部效应、相互替代效应。W 为 $n \times n$ 维空间权重矩阵，在地理上，通常是邻接矩阵（contiguity matrix）及距离矩阵（distance matrix），前者矩阵元素是[①]：

$$w_{ij} = \begin{cases} 1, & \text{当区域 } i \text{ 或区域 } j \text{ 相邻接} \\ 0, & \text{其他} \end{cases}$$

---

① 根据研究需要的任意值，如设定 500 公里为基准距离，则城市间距离小于 500 公里为 1，否则为 0。

后者矩阵元素是：

$$W_{ij} = \begin{cases} 1, & \text{当区域 } i \text{ 或区域 } j \text{ 的距离小于 } d \text{ 时} \\ 0, & \text{其他} \end{cases}$$

β 估计值测度了其他自变量向量 X 对因变量的效应，而 WY 为内生变量。因为空间滞后模型类似时间序列中自回归模型，所以它也被称为空间自回归模型。

（二）空间误差模型

空间误差模型（spatial error model）基于经典回归模型在随机误差项中加入剩余扰动，即：

$$\begin{aligned} y &= X\beta + \varepsilon \\ \varepsilon &= \lambda W\varepsilon + \mu \end{aligned} \qquad (5-10)$$

其中，ε 是随机误差项，λ 是 $n \times 1$ 截面因变量的空间误差系数，μ 是服从正态分布的随机扰动项。

空间误差模型中的 β 测度了外生自变量向量 X 对因 Y 的效应。参数 λ 测度了研究对象的空间互动性质，即影响的方向（符号决定）和程度（数值决定），随机误差项中的空间互动测度了区域间随机冲击对研究对象的冲击。因为空间误差模型类似于时间序列中的序列相关，它也称为空间自相关模型。

（三）空间面板 Durbin 模型[①]

空间面板 Durbin 模型（spatial durbin model）的基本形式是：

$$y_{it} = \alpha + \beta \sum_{j=1}^{N} w_{ij} y_{jt} + x_{it}\theta + \sum_{j=1}^{N} w_{ij} x_{ijt}\gamma + \mu_i + \lambda_t + \varepsilon_{it} \qquad (5-11)$$

其中，y_{it} 为因变量，表示第 i 地区在第 t 年经济变量，x 是解释第 i 地区因变量的变量，W 为空间权重矩阵，α 为截距项，μ_i、λ_t 分别表示截面、时期固

---

① 关于空间 Durbin 模型中文详细介绍请参考：吴俊培，王宝顺. 我国省际税收竞争的实证研究 [J]. 当代财经，2012（4）。

定（随机）。如果 β、θ、γ 估计值在统计上显著且不等于零，则表明因变量以及自变量的空间外溢解释着因变量。

设定空间 Durbin 模型的原因在于，安塞林（Anselin，2010）警告在描述研究变量的空间互动时，空间计量模型的解释变量中或许有空间滞后因变量，也或许这种空间因素存在于误差项中，即前种可能是空间滞后模型，后种可能是空间误差模型，且对于同一组数据来讲，两种情形可能同时存在。于是，莱萨格和帕采（Lesage & Pace，2009）提出了空间 Durbin 模型，该模型结合了之前所讲的两类空间模型。

方程（5-11）需要检验两个原假设：H_0：$\gamma = 0$ 和 H_0：$\gamma + \beta\theta = 0$，第一个原假设检验该方程是否可转化为空间滞后模型的简化式，第二个原假设检验该方程是否可转化为空间误差模型的简化式。

假定两个检验均服从 $\chi^2(K)$ 分布。如果 H_0：$\gamma = 0$ 和 H_0：$\gamma + \beta\theta = 0$ 同时被拒绝，那么表明空间 Durbin 模型较之前面两类模型能更好模拟事实。相反，如果 H_0：$\gamma = 0$ 无法被拒绝，且（稳健）LM 检验结果也支持空间滞后模型，则空间滞后就是最佳模型。如果 H_0：$\gamma + \beta\theta = 0$ 无法被拒绝，且（稳健）LM 检验也支持空间误差模型，那么空间误差模型是最佳选择。如果任何一条件没被满足，则需要采用空间 Durbin 模型，因为该模型是空间滞后模型和误差模型的综合体。

三、模型选择和参数估计

（一）模型类型取舍

区域空间相关性的检验通常有两类，它们都是基于极大似然估计基础，一类是 Wald、LR 和 LM 统计量、Moran's I 和 Geary's C，这些检验统计量原假设 H_0：$\rho = 0$ 或 $\lambda = 0$。但是 Moran's I 只适用于截面数据，不适于面板数据。本书利用（何江和张馨之，2006）的技术用分块对角矩阵 $C = I_T \otimes W_N$ 运用到面板数据的分析中。

在模型选择实践中，学者们通常首先利用最小二乘估计，然后结合 LMerr

和 LMsar 统计量，如果 LMsar（或 LMerr）比 LMerr（或 LMsar）统计量更显著，就倾向于选择空间滞后模型（或空间误差模型）。

（二）参数估计

传统上，模型估计常用最小二乘估计法（OLS），但该方法并不能估计空间模型，因为 OLS 对解释变量参数估计是假定了它们均为外生变量，但在空间模型中，解释变量之一是包含了被解释变量的空间滞后或误差项，所以这个变量为内生变量，在此情形下，OLS 的估计量将不再有效，且不一致，因而需要寻求极大似然估计法（Anselin，1988）。极大似然估计法对于截面数据或许有效，但针对面板数据是不可行的，因此，克莱健和普鲁查（Kelejian & Prucha，1999）以及斯米尔诺夫和安塞林（Smirnov & Anselin，2001）提出采用用蒙特卡罗方法加以解决。

针对空间面板数据模型，斯米尔诺夫和安塞林（Smirnov & Anselin，2001）给出的极大似然函数如下：

假设 $\varepsilon \sim N(0, \sigma_\varepsilon^2 I_{NT})$，空间滞后模型的似然函数

$$L = \ln|I_T \otimes (I_N - \rho W_N)| - \frac{NT}{2}\ln\sigma_\varepsilon^2 - \frac{1}{2\sigma_\varepsilon^2}\varepsilon'\varepsilon \qquad (5-12)$$

其中，$\varepsilon = y - \rho(I_T \otimes W_N)y - X\beta - \alpha - \delta$，$|I_T \otimes (I_N - \rho W_N)|$ 为空间转换行列式。如果该行列式对角元素结构一致，则（5-12）可简化为：

$$L = T\ln|I_N - \rho W_N| - \frac{NT}{2}\ln\sigma_\varepsilon^2 - \frac{1}{2\sigma_\varepsilon^2}\varepsilon'\varepsilon \qquad (5-13)$$

进一步假定 $\varepsilon \sim N(0, \sum)$，式（5-13）又可以简化为：

$$L = T\ln|I_N - \rho W_N| - \frac{1}{2}\ln|\sum| - \frac{1}{2}\varepsilon'\sum{}^{-1}\varepsilon \qquad (5-14)$$

其中，$\sum = E(\varepsilon\varepsilon') = \sigma_u^2(l_T l'_T \otimes I_N) + \sigma_u I_{NT}$。

对于空间误差模型，似然函数可简化为：

$$L = -\frac{1}{2}\ln|\sum| - \frac{1}{2}\varepsilon'\sum{}^{-1}\varepsilon \qquad (5-15)$$

从空间计量模型的介绍可以看出，在解决空间外溢问题时，并不直接解决地区间一对一的影响，而是解决某地区的相邻（地理接壤或距离上的邻居）地区对该地区的影响的平均和。因此，下文在利用空间计量模型刻画地方政府教育支出的空间溢出对地区经济增长的影响时，实际是考察其他地区政府教育支出对本地经济增长影响的平均和。

第三节　地方政府教育支出空间外溢与聚集特征①

根据上一节关于空间计量模型使用规范，本节首先检验考察地方政府教育支出以及地方经济增长之间是否存在空间集聚（外溢），检验手段是通过计算 Moran's I 判断具体区域的空间互动特征。

一、地方政府教育支出的空间自相关检验

根据前面的理论分析，空间距离对辖区间的地方支出效率有着重要影响，因此，这里可以通过空间自相关的显著性检验——Moran's I 值的检验来判断政府教育支出是否在空间上有显著的集群特征。

假定地方政府教育支出是非正态分布，空间自相关指数 Moran's I 的统计显著性可在随机性假设下计算。表 5 - 1 给出了 2003 ~ 2013 年 31 个省份的政府教育支出的空间自相关 Moran's I 的计算结果②。

表 5 - 1 的结果显示，地方政府教育支出的 Moran's I 值通过了显著性检验，表明我国政府教育支出在地理空间的分布特征——存在空间集聚，具有空间自相关性特征，而非呈现随机分布，在样本期间内呈现一种集群现象，

---

①　空间集群（clustering）指经济变量在地理上的集聚情形。理论上讲，经济变量在空间上往往表现为越邻近则越聚集，其空间互动效应就更显著。

②　在计算 Moran's I 空间权重矩阵的选取非常重要，通常情况下，可以采用基于邻近的 Rook 和 Queen 权重，也可以基于 KNN（K-Nearest Neighbor）算法最近点权重，本书在计算 Moran's I 时根据各省份省会所在地经纬度信息，采用 KNN 算法的距离设定空间权重矩阵。

政府教育支出高的地区倾向于其他政府教育支出高的地区邻近，而政府教育支出低的地区倾向于与其他政府教育支出低的地区聚集。因此，在分析地方政府教育支出时，不可忽视其在空间上的集群特征。

表 5 - 1　　　　　　　全局 Moran's I 统计值（2003 ~ 2013 年）

2003 年	2004 年	2005 年
0. 27063 ***	0. 26478 ***	0. 23953 ***
2006 年	2007 年	2008 年
0. 32957 ***	0. 28955 ***	0. 25889 ***
2009 年	2010 年	2011 年
0. 2891 ***	0. 36612 ***	0. 358 ***
2012 年	2013 年	
0. 37442 ***	0. 28816 ***	

注：采用了 KNN 算法空间权重矩阵，$k = 2$；*** 为 1% 的显著性水平。

二、地方政府教育支出空间集群特征

表 5 - 2 将 Moran's I 散点图中各年地方政府教育支出空间互动进行总结，给出更直观的跨期演进。

表 5 - 2　　　　　　　地方政府教育支出空间集聚（外溢）跨期演进

年份	第一象限 H - H	第二象限 H - L	第三象限 L - L	第四象限 L - H
2003	陕西、宁夏、甘肃、青海、贵州、云南、广西、西藏、新疆	四川、重庆和海南	黑龙江、吉林、辽宁、北京、天津、上海、内蒙古、山西、河北、山东、河南、江苏、湖北、湖南、江西、安徽、浙江、福建和广东	无
2004	宁夏、甘肃、青海、贵州、云南、广西、西藏、新疆	四川、重庆和海南	黑龙江、吉林、辽宁、北京、天津、上海、内蒙古、山西、陕西、河北、山东、河南、江苏、湖北、湖南、江西、安徽、浙江、福建和广东	无

年份	第一象限 H－H	第二象限 H－L	第三象限 L－L	第四象限 L－H
2005	宁夏、甘肃、青海、贵州、云南、广西、西藏、新疆、海南	四川、重庆	黑龙江、吉林、辽宁、北京、天津、上海、内蒙古、山西、陕西、河北、山东、河南、江苏、湖北、湖南、江西、安徽、浙江、福建和广东	海南
2006	陕西、宁夏、甘肃、青海、贵州、云南、广西、海南、西藏、新疆	四川、重庆	黑龙江、吉林、辽宁、北京、天津、上海、内蒙古、山西、陕西、河北、山东、河南、江苏、湖北、湖南、江西、安徽、浙江、福建和广东	无
2007	陕西、宁夏、甘肃、青海、贵州、云南、广西、海南、西藏、新疆	四川、重庆	黑龙江、吉林、辽宁、北京、天津、上海、内蒙古、山西、陕西、河北、山东、河南、江苏、湖北、湖南、江西、安徽、浙江、福建和广东	无
2008	陕西、宁夏、甘肃、青海、贵州、云南、广西、海南、西藏、新疆	四川、重庆	黑龙江、吉林、辽宁、北京、天津、上海、内蒙古、山西、陕西、河北、山东、河南、江苏、湖北、湖南、江西、安徽、浙江、福建和广东	陕西
2009	陕西、宁夏、甘肃、青海、贵州、云南、广西、海南、西藏、新疆	四川、重庆	黑龙江、吉林、辽宁、北京、天津、上海、内蒙古、山西、陕西、河北、山东、河南、江苏、湖北、湖南、江西、安徽、浙江、福建和广东	陕西
2010	陕西、宁夏、甘肃、青海、贵州、云南、广西、海南、西藏、新疆	四川、重庆和广东	黑龙江、吉林、辽宁、北京、天津、上海、内蒙古、山西、陕西、河北、山东、河南、江苏、湖北、湖南、江西、安徽、浙江、福建	无
2011	陕西、宁夏、甘肃、青海、贵州、云南、广西、海南、西藏、新疆	四川、重庆和广西	黑龙江、吉林、辽宁、北京、天津、内蒙古、山西、陕西、河北、山东、河南、江苏、湖北、湖南、安徽、浙江、福建	陕西、江西

续表

年份	第一象限 H–H	第二象限 H–L	第三象限 L–L	第四象限 L–H
2012	陕西、宁夏、甘肃、青海、贵州、云南、海南、西藏、新疆、广西	四川、重庆、广西、广东	黑龙江、吉林、辽宁、北京、天津、内蒙古、河北、山东、河南、江苏、湖北、湖南、安徽、浙江、福建、广东	山西、陕西、江西
2013	宁夏、甘肃、青海、贵州、云南、广西、海南、西藏、新疆	四川、重庆和广西	黑龙江、吉林、辽宁、北京、天津、内蒙古、河北、山东、河南、江苏、湖北、湖南、安徽、浙江、福建	陕西、山西、江西

如前所述，Moran's I 散点图的结果在四个象限有不同的含义，就地方政府教育支出的散点图而言，第一象限 H–H 表示该省份教育支出水平较高，其与相邻省份的数量差异较小。第二象限 L–H 表示该省份教育支出水平低，而相邻省份较高，使得其与相邻省份数量差异较大。第三象限 L–L 表示该省份教育支出水平低，相邻省份也低，空间数量差异较小。第四象限 H–L 表示该省份教育支出水平高，但相邻省份低，空间数量差异较大。

Moran's I 散点图直观反映了空间区域单位间的整体空间集聚状况以及局部单位的空间互动状况。就整体而言，地方政府教育支出的 Moran's I 值在各年度都为正数，且统计显著，表明各个地方的财政支出不是无规律存在的，而是与其他相邻地区的教育支出存在空间相关的。这种空间相关可能表现为空间互补（即同方向变动策略），也可能表现为空间替代（即相反方向策略）。

具体来看，从 2003~2013 年各地区政府教育支出的空间聚集情况看，位于第一象限的省份几乎全部是西部省份（除海南省外），表明这些西部省份的教育支出占 GDP 的比重普遍较高，且相邻地区的教育支出比重也高，这样的省份数量 9~10 个，占整个西部地区省份近九成。将第一象限省份和第二象限省份进行比较分析值得注意的是海南省，2003~2004 年，海南省处于第二象限，其支出水平较低，但从 2005 年起，海南省的支出水平跃居较高水平，并保持了长期稳定性。第二象限中，四川、重庆和广西本身的支出水平较低，但其相邻地区的支出水平较高，这种空间支出水平差异较大的情形长期持续。第三象限中的省份基本包括了全部的东部地区省份和部分中部省份。这些省份的特征是其教育支出水平低，且相邻省份的支出水平也较低，这些省份数量最多达到 15～17 个。第四象限包含的省份较少，直到近些年，陕西、陕西和江西才稳定在第四象限，意味着这些省份本身的支出水平较高，但其相邻省份的支出水平低，空间差异较大。

简言之，几乎所有的西部地区的政府教育支出与 GDP 的比重要大于几乎所有东中部地区政府教育支出与 GDP 的比重。无论是支出水平高，还是支出水平低，空间集聚的效应非常明显。

三、地区经济增长的空间集聚特征

不仅地方的教育支出存在显著的空间集聚效应，地区的经济增长也会受到来自其他地区经济增长的影响。

整体上看，从 2003～2013 年人均 GDP 增长率的空间聚集情况看，在大部分年份，Moran's I 指数为正数，表明地方经济增长表现为邻近的省份倾向于相互影响，表明地区经济增长集群特征明显，表 5 - 3 直观给出了地方经济增长空间集聚的跨期演进。

表 5 - 3　　2003～2013 年人均 GDP 增长率空间集聚（外溢）跨期演进

年份	第一象限 H - H	第二象限 L - H	第三象限 L - L	第四象限 H - L
2003	天津、山东、河北、山西、内蒙古、陕西	北京、辽宁、河南、安徽、上海、福建、甘肃、青海	黑龙江、吉林、湖北、湖南、江西、四川、贵州、云南、广西、海南、西藏	江苏、浙江、广东、重庆、宁夏、新疆
2004	天津、山东、河北、山西、内蒙古、陕西、宁夏、河南、江苏	北京、上海、浙江、福建、宁夏、青海、重庆、贵州	黑龙江、吉林、辽宁、湖北、湖南、江西、四川、贵州、云南、广西、海南、西藏、新疆	湖南、安徽、云南、广西
2005	黑龙江、辽宁、天津、山西、河南	吉林、北京、安徽、湖南、海南	浙江、福建、湖北、宁夏、甘肃、青海、四川、重庆、云南、西藏、新疆	河北、山东、江苏、江西、广东、广西、贵州、内蒙古

续表

年份	第一象限 H‒H	第二象限 L‒H	第三象限 L‒L	第四象限 H‒L
2006	宁夏、甘肃、青海、海南	黑龙江、北京、山西、上海、广州、重庆、西藏、新疆	辽宁、天津、浙江、福建、河北、湖北、江西、湖南、贵州、云南	吉林、山东、江苏、河南、内蒙古、陕西、四川
2007	山西、陕西、宁夏、青海、四川、重庆、贵州、湖北、湖南、江西	甘肃、云南、广西、海南	黑龙江、吉林、辽宁、湖北、湖南、江西、四川、贵州、云南、广西、海南、西藏、新疆	吉林、内蒙古
2008	吉林、辽宁、陕西、山西、湖北、青海、四川、重庆、贵州	黑龙江、北京、江西、广东、甘肃、云南、西藏	河北、山东、江苏、上海、浙江、福建、广西、海南、新疆	天津、河南、安徽、内蒙古
2009	安徽、湖北、湖南、江西、四川、重庆、贵州	黑龙江、上海、浙江、广东、山西、青海、甘肃、云南、广东	北京、天津、河北、河南、新疆	吉林、辽宁、山东、江苏、福建、内蒙古、宁夏、陕西、广西、海南、西藏
2010	宁夏、青海、甘肃、陕西、重庆、安徽、湖北、江西	上海、广东、贵州、云南、西藏	吉林、北京、天津、河北、内蒙古、山东、河南、江苏、浙江、福建	辽宁、山西、湖南、山西、海南、新疆
2011	湖北、江西、宁夏、青海、甘肃、四川、重庆、贵州、广西、海南、云南、新疆	辽宁、广东、西藏	北京、天津、河北、山西、山东、河南、江苏、浙江、福建	黑龙江、吉林、陕西、安徽、湖南
2012	湖北、海南、青海、甘肃、四川、重庆、贵州、云南、海南、西藏、新疆	黑龙江、江西、广东、宁夏、广西	北京、天津、河北、山西、山东、河南、江苏、浙江	吉林、辽宁、湖南、安徽、福建
2013	湖北、安徽、湖南、江西、海南、青海、甘肃、四川、重庆、贵州、云南、海南、西藏、新疆	黑龙江、江西、广东	黑龙江、吉林、辽宁、北京、天津、河北、山西、河南、江苏、浙江	山东、江苏、福建、陕西

从表5-3可以大致看出,在2003~2013年中,固然第一、第三象限的省份数量多于第二、第四象限的省份数量,但个别年份这种数量的差异并不十分突出,如2006年和2009年,更重要的是,四个象限中的东、中、西三大区域的省份并不集中,即在某一个特定象限中,混合着三大区域的不同省份,且从动态演进看,一些省份的经济增长率较之周围相邻省份变动较大,经济增长率没有表现特别突出的区域特征。

但进一步细致比较,还是大致可以分辨出,中、西部地区省份的经济增长率整体高于东部地区,如果将上面的地方政府教育支出的数据和经济增长放到一起,可以假设一个大致情形,教育支出对地方经济增长有促进作用,但这种促进作用并不作用于某一经济区域(东部、中部或西部地区),而是全国性,因此这与前面章节分析相呼应的是,我国地方政府教育支出对本地经济有促进作用,但它的空间溢出效应对其他地区经济增长有更大影响。

因此,在分析地方政府教育支出对经济增长的影响时,一方面,考虑教育支出本身的影响,也要考虑教育支出的空间溢出效应;另一方面,经济增长率 Moran's I 散点图也表明某些年份经济增长存在空间集聚,因此,地区的经济增长也受到其他相邻地区的经济增长率的影响。

在考察了地方政府教育支出的空间聚集以及区域经济增长的空间聚集特征后,下面将对地方政府教育支出的空间外溢效应对区域经济增长的效应进行更加具体的定量分析。

第四节 地方政府教育支出空间溢出的经济增长效应分析

在上一节中,教育支出与区域经济增长都存在着空间聚集效应(Moran's I),因此采用空间模型来刻画描述教育支出、人口流动对地区经济增长是合适的,同时也是必需的。接下来的问题是空间回归模型包括了空间滞后模型、空间误差模型以及空间 Durbin 模型,哪一种空间回归模型更准确描述核心解释变量间的数据。

一、非空间模型回归

在不包括空间因素实证模型分析时，本章依然借用类似上一章的实证模型：

$$\ln rgdpch_{it} = \alpha + \beta \ln jyzc_{it} + \delta \ln X_{it} + \varepsilon_{it}$$

其中，$rgdpch_{it}$ 表示第 i 省第 t 年人均实际 GDP 增长率，反映第 i 省第 t 年的经济增长，$jyzc_{it}$ 表示第 i 省第 t 年的政府对教育支出，X_{it} 为对经济增长有效应的控制变量集合，包括财政分权（$czfq$）、固定资产投资（$gdzctz$）、市场化程度（sch）、对外开放度（kfd）、城镇化程度（czh），ε_{it} 为模型中的随机扰动项，α、β、δ 分别为模型中的待估参数。

根据本章第一节对空间模型的介绍，本节首先对不包含空间因素的地方政府教育支出、人口流动对经济增长的影响。

二、区域经济增长的空间识别分析

理论上讲，各地区的教育支出与经济增长具有空间依赖性，为进一步验证这种空间依赖性，本书利用极大似然估计技术估计非空间回归模型，来验证是否存在空间互动。表 5 - 4 给出了估计结果。

表 5 - 4　　　　　　　　　区域经济增长非空间回归结果

解释变量	被解释变量：人均 GDP 增长率			
	模型 1	模型 2	模型 3	模型 4
	Pooled OLS	截面固定效应	时间固定效应	截面和时间固定效应
ln$jyzc$	0.008 （1.064）	0.404 （0.651）	0.158 *** （2.726）	1.312 *** （3.981）
ln$czfq$	0.033 （1.347）	0.047 （1.129）	0.027 （1.534）	0.159 * （0.273）
ln$gdzctz$	0.019 * （1.725）	0.114 （0.366）	0.018 *** （2.158）	0.149 （0.893）

解释变量	被解释变量：人均 GDP 增长率			
	模型 1	模型 2	模型 3	模型 4
	PooledOLS	截面固定效应	时间固定效应	截面和时间固定效应
ln*sch*	− 0. 358 *** (− 3. 189)	− 0. 257 (− 0. 769)	− 0. 392 *** (− 4. 092)	− 0. 464 *** (− 2. 854)
ln*kfd*	0. 012 (1. 608)	0. 184 (0. 329)	0. 018 *** (3. 458)	0. 039 (0. 957)
ln*czh*	0. 331 ** (1. 817)	0. 071 * (1. 749)	0. 282 (1. 578)	0. 322 (1. 289)
常数项	− 0. 370 (− 1. 178)			
R^2	0. 512	0. 365	0. 526	0. 383
调整 R^2	0. 503	0. 264	0. 508	0. 289
对数似然值（log*L*）	110. 870	187. 633	125. 627	189. 464
LM spatial lag	5. 638 **	8. 532 ***	5. 281 **	5. 740 **
LM spatial error	4. 632 **	3. 009 **	3. 564 *	1. 932
稳健 LM spatial lag	1. 346	7. 322 ***	3. 198	9. 008 ***
稳健 LM spatial error	0. 1446	5. 574 **	0. 177	5. 353 **
LR test for spatial fixed effect	LR：189. 335，　DOF：31，　Prob.：0. 0000			
LR test for time-period fixed effect	LR：23. 337，　DOF：11，　Prob.：0. 0007			

注：（ ）内为 t 统计值；*** 、** 、* 分别为 1%、5%、10% 的显著性水平。

从表 5 - 4 给出的回归结果看，所有模型中 R^2 最大的是模型 3，R^2 = 0. 526，属于时间固定效应模型，对数似然值（log*L*）最大的是模型 4，其值为 189. 464。该模型为时间和截面双向固定效应。所以，固定效应模型较之 Pooled 面板数据模型能够更好描述本数据集。如何选择空间模型，根据前面空间计量模型选择的理论，（稳健）LM spatial lag 和 LM spatial error 检验结果均拒绝了"不存空间互动"的原假设，因此需要采用含有空间因素的模型进行分析，该检验结果也给出了采用两种空间计量模型均可，即可以通过空间面板 Durbin 模型进行拟合分析。另外依据 LR test for spatial fixed effect 和 LR test for time-period fixed effect 的检验结果，待估计的空间计量模型应该采取双向固定效应的面板模型来估计。

三、空间权重矩阵的设定

如前所述，空间权重矩阵在空间计量模型回归结果中具有决定性的地位。本书采用两种权重矩阵形式，邻近矩阵形式（0−1）和距离矩阵形式。其中，邻近矩阵的元素均为 0 或 1，当两个省份之间有共同边界时，元素为 1，否则为 0[①]。

距离矩阵中的元素，本书采用距离衰减函数确定矩阵中的各元素值（Badinger et al. , 2004）。即

$$W_{ij} = \exp(-\delta d_{ij})$$

其中，$0 < \delta < \infty$，d_{ij} 为 i 省和 j 省之间的空间距离，本书取 $\delta = 0.5$。d_{ij} 为 i、j 省会之间的公路与铁路距离平均值。[②]

权重矩阵 W 是一个 $NT \times NT$ 的方阵，本书中 $N = 31$，$T = 11$，W 的形式如下：

$$W = \begin{bmatrix} w_{2003} & 0 & 0 \\ 0 & \ddots & 0 \\ 0 & 0 & w_{2013} \end{bmatrix}_{341 \times 341}$$

其中，w_{2003}，$\cdots$，w_{2013} 分别表示 2003~2013 年 31 个省级地方政府间的空间权重矩阵。

四、地方教育支出空间溢出的区域经济增长效应回归分析

为考察地方政府教育支出的空间外溢以及人口流动带来的空间效应，根

---

① 本书假定海南省与广东省具有共同边界。
② 《中国交通地图册》，中国地图（测绘）出版社，2009 年版。另外由于海南省的特殊地理位置，本书采用了海口至其他省会的航空距离。

据上节对空间模型选择的检验和判断，本部分采用时间和截面的双固定效应空间滞后杜宾模型（spatial panel durbin model）设定，模型基本形式为：

$$\ln rgdpch_{it} = \alpha + \sum_{j=1}^{N} \beta w_{ij} \ln rgdpch_{jt} + \theta \ln x_{it} + \sum_{j=1}^{N} \gamma w_{ij} \ln x_{ijt} + \mu_i + \lambda_t + \varepsilon_{it}$$

其中，$\ln rgdpch$ 为人均 GDP 增长率，表示第 i 省在第 t 年的人均 GDP 增长率；x 是第 i 地解释变量向量组，包括了核心解释变量 $\ln jyzc$，也包括其他控制变量；W 为空间权重矩阵[①]；α 为截距项；μ_i、λ_t 分别捕获截面、时期固定（随机）。根据埃尔霍斯特（Elhorst，2009）对该模型采用极大似然估计法进行参数估计，估计结果由 Matlab 2010b 汇报，结果见表 5 - 5。

表 5 - 5　　　　　　地方政府教育支出双固定效应空间滞后 Durbin 模型

解释变量	模型 x（基于临近矩阵）	模型 y（基于距离矩阵）
$\ln jyzc$	0. 29 ** （1. 88）	0. 16 ** （1. 76）
$\ln czfq$	1. 40 （1. 14）	0. 19 （0. 83）
$\ln gdzctz$	1. 15 *** （1. 98）	1. 03 ** （1. 87）
$\ln sch$	- 0. 92 （- 1. 41）	- 0. 01 （- 0. 02）
$\ln kfd$	0. 44 *** （3. 45）	0. 67 *** （2. 47）
$\ln czh$	0. 38 （1. 06）	0. 19 （1. 55）
$W \times \ln jyzc$	0. 60 *** （2. 05）	0. 28 *** （3. 89）

---

① 该矩阵具备以下特征：对角线元素为 0，满秩，行标准化。

续表

解释变量	模型 x （基于临近矩阵）	模型 y （基于距离矩阵）
$W \times \ln czfq$	0.41 (0.95)	0.16 (1.07)
$W \times \ln gdzctz$	− 3.09 *** (− 4.02)	− 0.28 ** (− 1.74)
$W \times \ln sch$	1.99 (0.63)	0.07 (2.22)
$W \times \ln kfd$	0.01 (0.02)	0.02 (0.37)
$W \times \ln czh$	0.22 (1.33)	0.07 (1.09)
$W \times$ dep. var.	0.01 ** (1.74)	0.05 *** (2.36)
R^2	0.894	0.786
调整 R^2	0.534	0.545
$siga^2$	0.0003	0.0004
对数似然值（$\log L$）	199.268	206.54
Wald 空间滞后检验	20.67	10.56
Wald 空间误差检验	28.88	10.41

注：（）内为 Asymptot t-stat；***、**、*分别为 1%、5%、10%的显著性水平；dep. var. 表示被解释变量，此处为人均 GDP 增长率。

　　从表 5－5 汇报的估计结果看，模型 x 拟合优度 R^2 为 0.894，模型 y 的拟合优度是 0.786，同时对数似然值（$\log L$）的值较大（199.268 和 206.54），$siga^2$ 较小（0.0003 和 0.0004）表明这一组解释变量能够较好拟合实际值。Wald 空间滞后检验和 Wald 空间误差检验结果证明了无法拒绝"空间滞后和空间误差同时不存在"的原假设，表明本书采用空间面板 Durbin 模型是合理的，符合统计要求的。

　　核心解释变量教育支出 $\ln jyzc$ 在模型 x 和模型 y 的回归结果显示分别在

5% 和 10% 的水平下通过显著性检验，再次表明政府教育支出对经济增长有显著的促进作用。系数估计值分别为 0.29 和 0.16，换言之，地方政府增加教育支出，能够促进对本地经济增长。

在其他解释变量中，唯有固定资产投资 lngdzctz 和开放度 lnkfd 两个变量通过了显著性统计检验，其中固定资产投资变量的估计值为 1.15 和 1.03，该结果再次证实了我国地方经济增长中的重要驱动因素——投资，依然属于投资拉动型经济。开放度变量的系数估计值为 0.44 和 0.67，表示地方经济对外开放程度的大小解释了经济增长的快慢，开放度对地区经济增长的贡献率为 0.44 和 0.67。

在包含了空间溢出效应的解释变量中，$W \times \ln jyzc$ 在两个模型中均 1% 的水平下通过了显著性统计检验 0.60 和 0.28，表明在考虑空间外溢情形下，在邻近矩阵下，也即相邻省份的财政教育支出加权对本地经济增长的效应为 0.60，高于基于距离矩阵模型的 0.28，换句话说，相邻地区的影响要高于非相邻地区的程度。

将 ln jyzc 和 $W \times \ln jyzc$ 的回归系数比较可以看出，前者在两个模型中的系数估计值均小于后者的系数估计值，它的含义是本地区政府教育支出增长 1%，其对本地区经济增长的贡献为 0.29(0.16)，而相邻地区政府教育支出平均增长 1%，那么对本地区经济增长的贡献为 0.6(0.28)，较为直观的判断是，一个地区增加本地教育支出固然重要，但也可享受到相邻地区教育支出对本地的经济利益的溢出，所以，本地可以坐享其成，俗称"搭便车"[①]。

在其他解释变量中，唯有 $W \times \ln gdzctz$ 在两个模型中通过了显著性检验，系数估计值均为负数。这表明，在空间外溢的背景下，不管是相邻的省份还是依距离的省份固定资产投资水平对其他地区有显著负效应。即地方固定资产投资增加会吸引更多的生产要素流入，间接限制了生产要素对相邻地区的流入，因此一地增加固定资产投资，对其他地区是负向效应。

最后一个重要的解释变量 $W \times dep.\ var.$ 在两个模型中均通过了显著性统

---

① "搭便车"，英文 "free rider"，公共经济学中的重要概念。它是指公共商品（服务）的供给过程中那些不贡献供给成本而享受公共服务受益的经济人的行为。

计检验，系数估计值分别为 0.01 和 0.05，表明了我国地区之间的经济增长存在显著的依存关系，其他地区的经济增长对本地区也有显著的促进效应。这应该是源于本书前部分论述过的，我国地方经济存在竞争和集聚，在追求高于其他省份 GDP 增长率的实践中，官员会在公共预算约束下，参照其他地区的增长来确定自己的增长策略。

上述分析表明，第一，我国地方经济增长存在空间集群特征，地区之间的经济增长存在显著的依存关系；第二，地方政府教育支出的系数估计值为正数，且在两类模型中均通过显著性检验，表明地方教育支出对本地经济增长效应显著；第三，地方政府教育支出的空间溢出效应在统计上显著为正，即其他地方的教育支出对本地经济增长有显著的促进作用。这实际上揭示了地方政府缺乏教育投资积极性的一个重要原因，即地方可以享受来自其他地方教育支出的外溢效应。在控制变量中，固定资产投资的空间溢出效应显著为负，这在一定程度上解释了，在我国现有的地方政绩考核模式下，地方政府倾向于加大固定资产投资的压力或动力来源。

上述实证分析证明了如下结论：对于一个特定的地方政府而言，既有其教育支出的效益溢出，也有外来的效益溢入，溢出既可能大于溢入，也可能小于溢入，但其他所有地区溢出的效益总量对该地方的经济增长具有稳定正向效应；同理，当该地区与其他地区作为一个整体时，产生的教育支出外溢对另一个特定地方的经济增长也具有稳定正向效应。正因为如此，在本书中提及其他地方对本地的影响时，也表明了本地作为整体的一部分，对其他地区产生的影响。而基于本章实证分析方法，重点是分析其他地区政府教育支出对本地经济增长产生的影响。

本章小结

上一章分析的结果表明，地方政府教育支出的经济增长效应具有显著的区域特征。

本章通过分析公共商品外溢性以及生产要素跨区流动模型，指出了地方政府教育支出的空间外溢以及地区经济增长的集群特征对本地经济增长的影响。本章将空间计量经济模型，尤其是空间面板 Durbin 模型引入并作为分析的实证模型，构建了包含地方政府教育支出及其空间外溢变量的空间计量模型；在空间权重矩阵选取上，本书采用了基于相邻矩阵和基于距离矩阵两种形式。

本章的主要结论是：第一，我国地方经济增长存在空间集群特征，表明我国地区之间的经济增长存在显著的依存关系；第二，地方政府教育支出的系数估计值为正数，且在两类模型中均通过显著性检验，表明地方教育支出对本地经济增长效应显著；第三，地方政府教育支出的空间溢出效应在统计上显著为正，即其他地方的教育支出对本地经济增长有显著的促进作用，该作用甚至大于该地政府教育支出对经济增长的作用效果。

本章的重要启示是，地方政府教育支出具有显著的空间外溢效应，即其他地方增加教育支出会对本地经济增长带来显著的积极影响，那么这种效应的作用渠道是什么？一个较为现实的路径就是人口的跨区流动①，是人口的流动产生了知识溢出，从而引致了地方政府教育支出的空间溢出。因此，有必要进一步研究在人口流动背景下地方政府教育支出对经济增长的效应。

---

① 从内生增长理论及创新理论均指出"知识外溢"（knowledge spillover），这种知识外溢对本书有重要启示，知识或技术外溢的途径有多种，如信息技术平台的构建、人口跨地区流动等，本书认为，人口跨区流动在我国是更为现实的知识外溢的途径。

第六章　地方政府教育支出的区域经济增长效应：人口流动分析

上一章对地方政府教育支出的空间外溢对区域经济增长的影响进行了实证分析，回归结果表明教育支出的空间溢出对区域经济增长有着显著的促进作用。这种作用既可能是由于公共商品本身天然的外部性所致，更有可能是教育成果——人力资本的跨区流动带来的后果。本章进一步对政府教育支出的经济增长效应进一步扩展，从我国现实出发，将人口流动因素纳入地方政府教育支出的经济增长效应分析中，实证分析在人口流动引起人力资本流动的背景下，地方政府教育支出对地区经济增长的影响。

第一节　人口流动及其测度

教育的对象是人，通过教育的过程得到的教育成果是人力资本——劳动力的素质、技能的提高；而劳动力，尤其是高素质的劳动力对于提高全要素生产率作用重大；在现实中，由于多种因素的综合作用，形成了劳动力较强的流动倾向，这也成为教育投资效益空间外溢最主要的路径之一。因此，在分析政府教育支出对经济的影响时就必须考虑人口流动带来的空间溢出效应问题。

一、人口流动与人力资本流动

我国城乡二元结构特征突出，区域经济发展不平衡的状况在很长一段时间内仍将持续，在户籍制度逐步松动的背景下，人口跨地区流动的状况将会加剧，这种流动必然会给各地区经济社会的发展带来多重影响。

教育效益外溢的机制主要是人口流动带来的人力资本空间转移。在现有文献中，大多研究以平均受教育年限作为人力资本的测度，该测度方法的优点是考虑了地区人口因素，如人口数量、人口年龄结构、接受教育层次及结构等。从根本上讲，人口是人力资本的基本载体，人力资本是凝聚在人身上的知识、技能及其所表现出来的各种生产能力，人口流动就意味着凝结于人的资本发生了空间转移，因此人力资本流动的基本路径是人口流动。同时，从现实情况看，我国流动的劳动人口都接受过或多或少的教育，具有一定的人力资本积累。所以，在本书研究的语境下，人口流动和人力资本流动是通用词。

二、人口流动的测度

实践中，人口流动的准确测度极为困难，对于某地区而言，包括城乡之间的流动，地区内的流动，本地区与其他地区间的流动。而在流动中，又分为暂住（不变更户籍）与迁移（变更户籍）；进而，人口流动又包括人口流入和人口流出，以及人口净流入（人口流入 – 人口流出）等。

目前，我国尚缺乏系统、准确的人口流动数据，大部分研究的数据都来自《中国统计年鉴》《2000 年中国人口普查资料》《2010 年中国人口普查资料》《中国人口和就业统计年鉴》《全国暂住人口统计资料》等。其中，《全国暂住人口统计资料》统计了各年度全国及各地区的暂住人口（流动人口）的情况，包括全国、市县暂住人口数，各省暂住人口数，来源情况，暂住处所，暂住目的；等等，从而使其成为研究人口流动的重要数据来源。

基于本书研究主题和数据可得性约束，重点考察人口单向流动情形下，政府教育支出对区域经济增长的影响。由于各地区人口基数存在巨大差异，既定流入数量的绝对值在地区间缺乏可比性，因此，本书主要采用"人口流入率"作为人口流动的替代变量，即根据上述资料，首先计算出本地户籍人口，以及户籍分离达六个月以上的省际流入人口数据，再计算人口流入率：

$$x_4 = 流入本地人口/本地户籍人口$$

三、地方政府教育支出经济增长效应的人口流动扩展模型

依据基准模型（4-1），在人口流动背景下，地方政府教育支出的经济增长效应可以用扩展的基准模型（6-1）刻画。

$$y = f(x_3 \times x_4) \qquad\qquad (6-1)$$

与基准模型（4-1）相似，y 仍然代表经济增长，本节用实际人均 GDP 增长率表示经济增长。x_3 代表政府教育支出，本节用教育财政支出与 GDP 比值（相对量）表示地方政府教育支出；x_4 代表了人口流动（人力资本流动）。地方政府教育支出与人口流动的乘积 $x_3 \times x_4$ 作为解释经济增长的变量，在求地方政府教育支出的经济增长效应时相当于对 x_3 求偏微分，即 $\partial y/\partial x_3 = f'(x_3 \times x_4) = g(x_4)$，该式意味着地方政府教育支出的经济增长效应取决于人口流动变量 x_4，接下来在设定回归模型时就可以考察 $x_3 \times x_4$ 的系数估计值在多大程度上通过显著性检验。

第二节　地方政府教育支出、人口流动的经济增长效应分析

一、实证模型构建

根据理论分析和基准模型，本书设定政府教育支出和人口流动的经济增长效应实证模型如下：

$$\ln rgdpch_{it} = \alpha + \beta_1 \ln jyzc_{it} + \beta_2 \ln rkld_{it} + \beta_3 \ln jyzc_{it} \times \ln rkld_{it} + \delta \ln X_{it} + \varepsilon_{it}$$

$$(6-2)$$

模型（6-2）中 $rgdpch_{it}$ 表示第 i 省第 t 年人均实际 GDP 增长率，反映第 i 省第 t 年的经济增长，$jyzc_{it}$ 表示第 i 省第 t 年的政府对教育支出，$rkld_{it}$ 表示第 i 省第 t 年的人口流动，$jyzc_{it} \times rkld_{it}$ 是第 i 省第 t 年的政府教育支出与人口流动的交互作用，表示人口流动在地方政府教育支出的经济增长效应中的作用。X_{it} 为对经济增长有效应的控制变量集合，包括财政分权（$czfq$）、固定资产投资（$gdzctz$）、市场化程度（sch）、对外开放程度（kfd）、城镇化程度（czh），ε_{it} 为模型中的随机扰动项，α、β、δ 分别为模型中的待估参数。

二、数据来源及统计描述

（一）数据来源

与上一章类似，政府教育支出、人口流动对经济增长的效应实证分析中将选取核心解释变量政府教育支出（$jyzc$）、人口流动（$rlzbld$），以及控制变量财政分权（$czfq$）、固定资产投资指数（$gdzctz$）、市场化指数（sch）、开放度（kfd）和城镇化（czh）。在本节中，核心解释变量人口流动（$rkld$）用各地区流入人口与户籍人口数之比，流入人口为来自省外并在本地暂住时间超过六个月的人数。各变量的测算方法见本书第四章中表 4-5。

（二）模型中主要变量的统计性描述

本书中的数据类型为面板数据，包括了我国 31 个省份 2003～2013 年的数据，为消除各年的物价变动的影响，各时间序列数据均以 2003 年消费者价格指数（CPI）为基础，利用历年 CPI 进行平减处理。得到的各变量数据统计描述见表 6-1。

表 6-1 各变量统计性描述

项目	实际人均GDP增长率	政府教育支出	人口流动	财政分权	固定资产投资	市场化指数	开放度	城镇化
解释变量	lnrgdpch	lnjyzc	lnrkld	lnczfq	lngdzctz	lnsch	lnkfd	lnczh
平均值	-1.704	-3.686	-3.049	-0.805	-3.347	1.939	-1.497	-0.768

续表

项目	实际人均GDP增长率	政府教育支出	人口流动	财政分权	固定资产投资	市场化指数	开放度	城镇化
解释变量	lnrgdpch	lnjyzc	lnrkld	lnczfq	lngdzctz	lnsch	lnkfd	lnczh
中位数	-1.690	-3.769	-3.371	-0.850	-3.257	1.929	-1.930	-0.795
最大值	-0.994	-2.741	-0.694	-0.075	-2.017	2.488	0.543	-0.113
最小值	-2.615	-4.317	-4.970	-1.026	-6.908	1.151	-3.230	-1.922
标准误	0.276	0.362	1.070	0.163	0.798	0.258	1.057	0.289
偏度	-0.516	0.711	0.605	1.149	-1.081	-0.250	0.602	0.154
观测数	341	341	341	341	341	341	341	341
截面数	31	31	31	31	31	31	31	31

注：同前，为降低宏观经济数据阶数并便于弹性分析，变量均做了自然对数处理。

三、地方教育支出、人口流动的经济增长效应回归分析

为实证考察地方政府教育支出、人力资本的流动对地区经济增长的效应，本节采用截面固定效应 OLS 技术进行了回归分析，结果见表 6-2。

表6-2　政府教育支出与人口流动对经济增长影响实证研究（全样本）

项目	模型1（截面随机效应）	模型2（截面固定效应）	模型3（截面随机效应）	模型4（截面固定效应）	模型5（截面随机效应）	模型6（截面随机效应）	模型7（截面随机效应）
解释变量	人均GDP增长率	人均GDP增长率	人均GDP增长率	人均GDP增长率	人均GDP增长率	人均GDP增长率	人均GDP增长率
lnjyzc	0.096 ** (1.825)	0.072 (1.546)	0.213 ** (1.798)	0.114 ** (1.716)	0.325 **** (1.998)	0.256 ** (1.869)	0.319 ** (1.821)
lnrkld	0.090 ** (1.912)	0.077 (0.800)	0.115 ** (1.731)	0.076 ** (1.858)	0.191 *** (3.949)	0.198 *** (4.183)	0.199 *** (4.248)
lnjyzc × lnrkld		0.649 ** (1.761)	0.597 ** (1.892)	0.396 ** (1.862)	0.663 *** (1.967)	0.592 *** (2.088)	0.583 *** (2.365)
lnczfq			-0.273 (-0.974)	-0.302 (-1.603)	-0.391 *** (-2.061)	-0.251 (-1.253)	-0.218 (-1.069)

续表

项目	模型1（截面随机效应）	模型2（截面固定效应）	模型3（截面随机效应）	模型4（截面固定效应）	模型5（截面随机效应）	模型6（截面随机效应）	模型7（截面随机效应）
解释变量	人均GDP增长率	人均GDP增长率	人均GDP增长率	人均GDP增长率	人均GDP增长率	人均GDP增长率	人均GDP增长率
ln*gdzctz*				0.176 *** (9.121)	0.096 *** (4.601)	0.091 *** (4.296)	0.089 *** (4.220)
ln*sch*					0.046 (0.421)	0.138 (1.196)	0.145 (1.270)
ln*kfd*						−0.083 *** (−2.180)	−0.080 *** (−2.107)
ln*czh*							−0.065 (−0.753)
截距项（C）	−2.201 *** (−23.732)	−1.905 *** (−5.229)	−1.524 *** (−4.260)	−1.041 *** (−5.033)	−0.985 *** (−3.015)	−1.192 *** (−3.604)	−1.232 *** (−3.738)
可决系数（R^2）	0.027	0.215	0.119	0.416	0.370	0.398	0.404
样本数（Observations）	341	341	341	341	341	341	341
F-statistic	9.097	2.351	10.878	36.457	17.600	16.423	14.330
Prob（F-statistic）	0.003	0.000	0.000	0.000	0.000	0.000	0.000
Hausman 检验（Chi^2 statistic P 值）	0.565	0.010	0.233	0.017	0.181	0.397	0.222

注：（）内为 t 统计值；*** 、** 、* 分别为 1%、5%、10% 的显著性水平。

表 6 - 3 汇报了全国 31 个省级区域 2003～2013 年政府教育支出与人口流动对经济增长的影响。依照前面章节的分析思路，首先 Hausman 检验判断固定效应和随机效应模型，模型 2 和模型 4 是截面固定效应，其他模型采用截面随机效应模型。其次通过可决系数和整体显著性检验 F 统计值来判断哪个模型是最佳回归模型，显然，模型 4 对该批数据的拟合最为理想。根据模型 4 的回归结果，首先，人口流动比变量（ln*rkld*）在 10% 的显著水平下通过检验，系数估计值为 0.076，即人口流动比增长 1%，本地经济增长将显著增加 0.076%。交互项 ln*jyzc* × ln*rkld* 在 10% 的显著性水平下通过显著性检验，系数

估计值是 0. 396，即教育支出通过人口流动对本地经济增长有显著的正效应，交互项每增长 1%，人均 GDP 增长率将增加 0. 396%。控制变量中财政分权对人均 GDP 增长率的影响并不显著，但固定资产投资率变量在 1% 的水平下通过了显著性检验，表明固定资产投资对经济增长的显著影响，具体来说，固定资产投资率增加 1%，人均 GDP 增长率增长 0. 176%。

核心解释变量人口流动在多数模型中都显示了稳健的显著性正影响，表明人口流动对当地经济增长有显著的效应，同时教育支出与人口流动交互项也都显示了稳健显著性，这意味着，从全国总体上来看，政府教育支出在人口流动背景下对经济增长有积极效应，该研究结果对于我国的教育投资和人口流动政策都有很好的启示。

前面提到了，我国人口流动有明显的区域性，在区域发展差异化战略的导向下，人口流动的方向大体上向东部沿海地区流动，换句话说，我国人口流动具有明显的区域特征。

以下分别考察在东部、中部和西部三大区域内，人口流动、政府教育支出对区域经济增长的影响。表 6 - 3、表 6 - 4 和表 6 - 5 分别给出东、中、西部地方政府教育支出与人口流动对经济增长效应结果。

表 6 - 3 给出东部地区地方政府教育支出和人口流动对经济增长的影响的结果，Hausman 检验结果表明模型 10 和模型 11 采用截面随机效应模型，其他模型采用截面固定效应模型。核心解释变量 lnjyzc 在所有模型中均在 10% 水平下显著为正，再次表明政府教育支出对经济增长存在积极作用。通过拟合优度调整可决系数和整体显著性检验 F 统计值判断，模型 14 较好地描述了东部区域的数据集。根据模型 14，人口流动变量 lnrkld 在 10% 的显著性水平下通过显著性检验，系数估计值为 0. 295，表明对于东部地区而言，随着人口流入量的增加，经济增长率也随之增加，具体而言，人口流动比增加 1%，人均 GDP 增长率将增加 0. 295%。交互项 lnjyzc × lnrkld 也在 1% 的显著性水平下通过了显著性检验，表明在东部地区地方政府教育支出在人口流动的背景下，对本区域经济增长有积极显著的影响，影响弹性为 0. 709，控制变量中财政分权在模型 14 中对经济增长的影响在 10% 显著性水平下通过显著性检验。固定资产投资变量 lngdzctz 在 1% 的显著性水平下通过显著检验，表明固定资产投

资对区域经济增长的效应是十分显著的，影响弹性是0.066，且就固定资产变量而言，在其他模型里其系数估计值也显著为正，也表明它对经济增长积极效应的稳健性。

表6-3　地方政府教育支出与人口流动对经济增长的影响（东部样本）

项目	模型8（截面固定效应）	模型9（截面固定效应）	模型10（截面随机效应）	模型11（截面随机效应）	模型12（截面固定效应）	模型13（截面固定效应）	模型14（截面固定效应）
解释变量	人均GDP增长率	人均GDP增长率	人均GDP增长率	人均GDP增长率	人均GDP增长率	人均GDP增长率	人均GDP增长率
$\ln jyzc$	0.126 **（1.765）	0.160 **（1.776）	0.173 **（1.879）	0.105 **（1.791）	0.314 **（1.898）	0.261 **（1.869）	0.311 **（1.751）
$\ln rkld$	0.287 ***（3.230）	0.173（0.989）	0.260 ***（2.086）	0.202 ***（2.287）	0.377 **（1.954）	0.315 *（1.850）	0.296 *（1.798）
$\ln jyzc \times \ln rkld$		0.606 *（1.867）	0.838 ***（3.636）	0.609 ***（3.630）	0.938 ***（3.096）	0.843 ***（2.649）	0.709 ***（2.243）
$\ln czfq$			-0.498（-1.101）	-0.373（-1.169）	2.052（1.515）	2.098（1.547）	2.410 *（1.817）
$\ln gdzctz$				0.114 ***（4.308）	0.085 ***（2.846）	0.084 ***（2.795）	0.066 ***（2.174）
$\ln sch$					-0.816（-1.617）	-0.936 **（-1.802）	-0.842（-1.663）
$\ln kfd$						-0.240（-0.981）	-0.272（-1.140）
$\ln czh$							-0.235（-1.959）
截距项（C）	-2.683 ***（-13.704）	-1.995 ***（-3.502）	-1.208 ***（-2.702）	-0.898 ***（-2.614）	3.037（1.679）	3.017（1.667）	2.685（1.521）
可决系数（R^2）	0.254	0.369	0.290	0.404	0.621	0.629	0.657
样本数（Observations）	121	121	121	121	121	121	121
F-statistic	3.621	5.111	12.556	13.025	5.243	4.972	5.188
Prob（F-statistic）	0.000	0.000	0.000	0.000	0.000	0.000	0.000
Hausman检验（Chi^2 statistic P值）	0.077	0.003	0.127	0.220	0.030	0.047	0.018

注：（ ）内为t统计值；***、**、*分别为1%、5%、10%的显著性水平。

　　表6-3汇报的结果在某种程度也可以作为解释东部地区经济增长的动因：在本样本期2003~2013年间，外来人口流入、政府教育支出、财政分权和固定资产投资对东部地区经济增长做出了突出且统计显著的贡献。这与我国的现实是相符合的，我国东部地区具有地理优势，加之国家政策优势，我国广大中西部地区人员流动的方向是东部地区，持续出现"孔雀东南飞"的人口流动态势，这些流入人口中具有高素质、高技能的人员占比上升直接提高了东部地区的全要素生产率。此外，财政分权程度提高也为地方政府提高财政自由度，使得公共资源配置更趋向于生产性支出，也促进了经济长期增长。

　　表6-4汇报了中部地区人口流动和政府教育支出对经济增长的影响。Hausman检验结果表明模型15至模型21应采用截面随机效应模型。核心解释变量 lnjyzc 的系数估计值在各个模型中均为正，但其显著性并不稳健。据各模型拟合优度可决系数和模型整体显著性检验，模型18较好地描述了中部地区的数据集。教育支出变量在10%水平显著为正，人口流动变量 lnrkld 没有在10%水平下通过显著性检验，表明人口流入对于中部地区而言，其对经济增长的影响并不显著。而交互项 lnjyzc × lnrkld 的系数估计值虽然对经济增长有积极作用，但这种作用在统计上并不显著，也说明中部地区地方政府教育支出在人口流动的背景下对经济增长作用不明显。模型18的控制变量中财政分权没有通过显著性检验，但固定资产投资变量 lngdzctz 在1%的显著性水平下通过了检验，表明固定资产投资对经济增长的影响在统计上十分显著，具体来讲，固定资产投资率每增长1%，人均GDP增长率将增长0.242%。模型18中的解释变量共解释了51.4%的人均GDP增长率。

　　表6-4汇报了西部地区政府教育支出与人口流动对经济增长的效应。Hausman检验结果表明模型22至模型28均应采用截面随机效应模型。核心解释变量 lnjyzc 在各个模型中没有呈现稳健性，从反映拟合优度的可决系数和整体显著性检验F统计值看，模型28无论从拟合优度还是整体显著性检验方面对该数据集描述的最为理想。模型28的回归结果显示出与东中部较大差异。教育支出变量通过了显著性检验，表明西部地区教育支出对本地经济有显著促进效应。人口流动变量 lnrkld 没有在10%的显著性水平下通过显著性检验，

反映出西部地区人口流入对当地经济增长的影响并不显著。政府教育支出与人口流动的交互项也没有在 10% 下通过显著性检验，表明在人口流动的背景下，地方政府教育支出对本地经济增长的影响也被大幅度弱化。其他控制变量中，财政分权程度对西部地区经济增长的影响也不显著，而固定资产投资变量一如既往的显著为正，表明西部地区经济增长中固定资产的贡献功不可没，具体来讲，就是固定资产投资率增长 1%，人均 GDP 增长率将增长 0.139%。市场化程度变量也不显著，开放度变量 lnkfd 变量在 1% 的水平下通过显著性检验，但其系数估计值为负，表明了西部地区对外开放的程度提高，会降低其经济增长率。城镇化变量 lnczh 在 1% 的水平下通过了显著性检验，且系数估计值为正，即西部地区城镇化水平提高 1%，人均 GDP 增长率将显著增长 0.541%。

表 6-4　地方政府教育支出与人口流动对经济增长的影响（中部样本）

项目	模型 15（截面随机效应）	模型 16（截面随机效应）	模型 17（截面随机效应）	模型 18（截面随机效应）	模型 19（截面随机效应）	模型 20（截面随机效应）	模型 21（截面随机效应）
解释变量	人均 GDP 增长率	人均 GDP 增长率	人均 GDP 增长率	人均 GDP 增长率	人均 GDP 增长率	人均 GDP 增长率	人均 GDP 增长率
lnjyzc	0.011 (1.462)	0.114 (1.096)	0.154 ** (1.798)	0.141 ** (1.892)	0.307 * (1.698)	0.361 ** (1.769)	0.309 ** (1.789)
lnrkld	0.114 (0.854)	0.610 (1.319)	1.039 (1.203)	0.065 (0.253)	0.272 (0.562)	0.272 (0.587)	0.136 (0.315)
lnjyzc × lnrkld		5.236 (0.958)	11.407 (1.205)	0.186 (0.066)	3.119 (0.513)	3.814 (0.644)	1.998 (0.359)
lnczfq			0.513 (0.201)	-0.035 (-0.044)	-0.581 (-0.457)	-0.194 (-0.155)	0.275 (0.246)
lngdzctz				0.243 *** (7.471)	0.145 *** (3.169)	0.151 *** (3.384)	0.152 *** (3.490)
lnsch					0.284 (0.977)	0.301 (1.086)	0.347 (1.376)
lnkfd						-0.106 (-0.984)	-0.055 (-0.431)

续表

项目	模型 15（截面随机效应）	模型 16（截面随机效应）	模型 17（截面随机效应）	模型 18（截面随机效应）	模型 19（截面随机效应）	模型 20（截面随机效应）	模型 21（截面随机效应）
解释变量	人均 GDP 增长率	人均 GDP 增长率	人均 GDP 增长率	人均 GDP 增长率	人均 GDP 增长率	人均 GDP 增长率	人均 GDP 增长率
ln*czh*							-0.140（-0.514）
截距项（C）	-2.403***（-4.644）	-4.722***（-2.114）	-6.376***（-2.146）	-1.182（-1.387）	-0.933（-0.520）	-0.778（-0.450）	-1.127（-0.706）
可决系数（R^2）	0.008	0.031	0.034	0.514	0.341	0.354	0.352
样本数（Observations）	88	88	88	88	88	88	88
F-statistic	0.742	1.339	0.804	15.573	4.340	3.749	3.105
Prob（F-statistic）	0.391	0.268	0.496	0.000	0.003	0.005	0.010
Hausman 检验（Chi^2 statistic P 值）	0.825	0.337	0.146	0.1635	0.173	0.449	0.140

注：（）内为 t 统计值；***、**、* 分别为 1%、5%、10% 的显著性水平。

表 6-5　地方政府教育支出与人口流动对经济增长的影响（西部样本）

项目	模型 22（截面随机效应）	模型 23（截面随机效应）	模型 24（截面随机效应）	模型 25（截面随机效应）	模型 26（截面随机效应）	模型 27（截面随机效应）	模型 28（截面随机效应）
解释变量	人均 GDP 增长率	人均 GDP 增长率	人均 GDP 增长率	人均 GDP 增长率	人均 GDP 增长率	人均 GDP 增长率	人均 GDP 增长率
ln*jyzc*	0.031（1.062）	0.100（1.076）	0.104**（1.798）	0.141**（1.907）	0.107*（1.688）	0.101**（1.797）	0.019**（1.769）
ln*rkld*	0.031（0.636）	0.050（0.492）	0.111（1.044）	0.019（0.171）	0.092（0.533）	0.054（0.314）	0.109（0.641）
ln*jyzc* × ln*rkld*		0.140（0.336）	0.106（0.244）	0.173（0.406）	0.168（0.212）	0.564（0.675）	0.492（0.598）
ln*czfq*			0.104（0.406）	-0.143（-0.542）	-0.139（-0.507）	-0.093（-0.350）	-0.145（-0.556）

我国地方政府教育支出、人口流动的经济增长效应研究

续表

项目	模型22（截面随机效应）	模型23（截面随机效应）	模型24（截面随机效应）	模型25（截面随机效应）	模型26（截面随机效应）	模型27（截面随机效应）	模型28（截面随机效应）
解释变量	人均GDP增长率	人均GDP增长率	人均GDP增长率	人均GDP增长率	人均GDP增长率	人均GDP增长率	人均GDP增长率
ln$gdzctz$				0.261 *** (5.687)	0.153 *** (2.796)	0.153 *** (2.815)	0.139 ** (2.553)
lnsch					0.127 (0.480)	0.205 (0.949)	0.136 (0.685)
lnkfd						−0.250 *** (−2.543)	−0.219 *** (−2.302)
lnczh							0.541 *** (2.473)
截距项（C）	−1.881 *** (2.717)	−1.872 *** (−4.917)	−1.910 *** (−3.858)	−0.897 ** (−1.892)	−1.076 (−1.271)	−2.318 *** (−2.460)	−1.865 *** (−2.000)
可决系数（R^2）	0.004	0.030	0.043	0.385	0.195	0.313	0.443
样本数（Observations）	132	132	132	132	132	132	132
F-statistic	0.420	1.523	1.114	9.251	1.839	2.804	4.089
Prob（F-statistic）	0.518	0.223	0.349	0.000	0.129	0.024	0.002
Hausman 检验（Chi^2 statistic P 值）	0.985	0.594	0.246	0.668	0.251	0.287	0.496

注：（ ）内为 t 统计值；*** 、** 、* 分别为 1%、5%、10% 的显著性水平。

由于历史、地理位置原因，我国广大西部地区省份经济发展水平低于东、中部地区，经济增长的内生动力有限。从表 6－5 中汇报的结果看，我国西部地区流入人口变量对本区域经济增长的影响并不显著，换句话说，人口流动在统计上不能解释西部地区经济增长，与此同时，政府教育支出在人口流动的背景下，也无法解释其对本区域经济增长的作用。而固定资产投资和城镇化对西部地区的经济增长有显著的正效应，成为驱动本区域经济增长的重要因素。

总的来看，首先，政府教育支出变量 ln$jyzc$ 与前面章节回归结果一致，即

28

其对经济增长有着积极有效的贡献，但东部地区较之中、西部地区在统计上更为显著。其次，人口流动变量 $lnrkld$ 在全国样本下基本在 10% 的水平下能够通过显著性检验，且系数估计值为正数，表明人口流动整体上对经济增长有促进作用；而在分区域样本回归结论中发现东部地区该变量在绝大多数模型中显著，而中、西部地区虽然它们的系数估计值为正数，但该变量基本都不显著，表明中、西部省份人口流入对经济增长的解释在统计上并不显著。最后，通过政府教育支出与人口流动变量的交互项来考察在人口流动的背景下政府教育支出的经济增长效应，$lnjyzc \times lnrkld$ 在全国样本下在 10% 的水平下通过显著性检验，表明整体上看政府教育支出在人口流动的背景下能够促进经济增长，但从分区域看，东部地区依然具有显著的促进作用，而在中、西部地区样本下几乎所有模型中该交互项的系数都没有通过显著性检验，表明中、西部地区政府教育支出在人口流动背景下对经济增长的促进作用不明显。

本章小结

上一章证实了我国地方政府教育支出存在空间外溢（聚集）效应。本章引入了可能导致这种外溢效应的人口流动变量，重点考察在人口流动的背景下地方政府教育支出的经济增长效应。

本章将样本划分为全样本、东部区域、中部区域和西部区域；并采用流入人口与本地户籍人口之比来测度人口流动；通过考察人口流动、地方政府教育支出与人口流动的交互项，以及一组控制变量对区域经济增长的效应，考察了在人口流动的背景下地方政府教育支出的经济增长效应。

实证结果表明，人口流动与政府教育支出对经济增长的影响存在着明显的区域特征。第一，从全国的样本看，回归结果表明，核心解释变量——政府教育支出在东、中、西三大区域都表现出正效应，人口流动对经济增长有较为显著的促进作用，政府教育支出在人口流动的背景下对经济增长也有显著正效应；第二，从区域子样本的回归结果看，政府教育支出对本地经济增长的贡献呈现出东、中、西依次递减的趋势，其中西部的贡献率甚至低于全国样本的平均贡献率。第三，人口流动与教育支出的交互项结果显示，东部区域政府教育支出对经济增长有显著正效应且明显高出全国样本结果，但中、西部区域的回归结果是：人口流动、政府教育支出在人口流动的作用下对本区域经济增长都没有显示出统计上的显著正效应。该结果的经济含义是政府教育支出对本地经济增长有积极影响，但由于人口流动使得政府教育支出对本地经济增长的贡献呈现明显区域差异，东部地区较之中、西部地区政府教育支出对经济增长的贡献更为显著，从而验证了"考虑人口跨区流动，政府教育支出对经济增长的效应呈现区域特征"的研究假说。

第七章 结　　语

　　前文围绕地方政府教育投资对其经济增长的影响这一主题，针对本书的四大目标问题进行了研究，先后验证了三个假说，基本解决了其中的三大目标问题，揭示了我国地方政府缺乏教育投资积极性的主要经济原因。本章是在对主要研究结论进行梳理的基础上，提出促进地方政府教育投资、保障人力资本有效利用的对策建议。

第一节　研究结论

　　前文的研究主要得出了三个结论：

　　结论一：不考虑人口流动的情况下，政府教育支出对区域经济增长具有显著的促进效应。

　　本书以地方政府教育支出作为核心解释变量，固定资产投资率等作为控制变量，基于我国31个省级区域2003～2013年的数据，对我国省级地方政府教育支出的经济增长效应进行了实证分析。分析的内容主要集中在两个方面：一是从全国角度分析政府教育支出对经济增长作用的方向和程度；二是分析地方政府教育支出对经济增长影响的区域性差异。

　　从全国样本看，地方政府教育支出对经济增长整体呈正向影响，且在统计上通过了显著性检验，即地方政府教育支出推动了我国经济增长；如果将全国样本划分为东部、中部和西部三大区域，并分别进行实证分析，结果表明：东部区域和中部区域的地方政府教育支出对区域经济增长具有积极的正向效应,且在统计上显著,西部地区虽然也呈现正向效应,但这种效应在统计上不显著。从控制变量看,固定资产投资率始终在 1% 的显著性水平下对经济增长有积极效应,这说明我国经济增长的重要驱动力是固定资产投资。

上述结论的启示是:中、西部地区政府教育支出占 GDP 的比重远高于东部地区,但其政府教育支出对经济增长的贡献却低于东部地区,产生这种空间差异的原因是否是教育产出的地理空间溢出?

结论二:地方政府教育支出具有空间外溢效应,该溢出效应对区域经济增长有显著的促进作用。

为了分析在教育投资效益产生空间外溢情况下我国地方政府教育支出对地方经济增长的影响,本书引入了空间面板 Durbin 模型并作为分析的实证模型,构建了包含地方政府教育支出及其空间外溢变量的空间计量模型;在空间权重矩阵选取上,采用了基于相邻矩阵和基于距离矩阵两种形式。

实证结果表明:地区之间经济增长存在显著的依存关系;我国地方政府教育支出对本地经济增长具有正向作用,并呈现显著的空间外溢效应;相邻地区的政府教育支出对其经济增长具有显著的促进作用,该作用甚至大于该地政府教育支出对经济增长的作用效果。这实际上揭示了地方政府缺乏教育投资积极性的一个重要原因,即地方可以享受来自其他地方教育支出的外溢效应。

结论二的重要启示是,地方政府教育支出具有显著的空间外溢效应,即其他地方增加教育支出会对本地经济增长带来显著的积极影响,那么这种外溢的路径是什么?是人口的跨区流动引致的知识溢出产生了政府教育支出的空间溢出?

结论三:在考虑人口流动的情况下,地方政府教育支出对地区经济增长的影响并不稳健,但人口流动对经济增长做出显著贡献。

为了考察在人口流动背景下地方政府教育支出对地区经济增长的影响,本书将样本划分为全样本、东部区域、中部区域和西部区域,并采用流入人口与本地户籍人口之比来测度人口流动。通过考察人口流动、地方政府教育支出与人口流动的交互项,以及一组控制变量,同时考虑了年份效应,构建了实证模型进行回归。

回归结果表明,在人口跨区流动的背景下,人口流动对经济增长有积极的促进作用,但政府教育支出对经济增长的影响存在着明显的区域特征。首先,从全国的样本看，政府教育支出在人口流动的背景下对经济增长也有显著正效应；其次，从区域子样本的回归结果看，政府教育支出对本地经济增长的贡献呈现出东、中、西依次递减的趋势。其中，东部区域的实证结论与全国基本一致，即人口流动与政府教育支出对经济增长均有显著正效应；但是中部区域和西部区域的实证研究结论是：无论人口流动、政府教育支出，对本区域经济增长都没有显示出统计上的显著正效应。最后，人口流动与教育支出的交互项结果显示，东部区域政府教育支出对经济增长有显著正效应且明显高出全国样本结果，但从中、西部区域的回归结果来看，政府教育支出在人口流动的作用下对本区域经济增长都没有显示出统计上的显著正效应。

上述三个结论实际上表明：地方政府教育支出对于经济增长具有积极推动作用，但是由于存在人口流动（主要是向东部和发达地区流动）导致教育投资效益空间外溢，从而使地方政府（尤其是中、西部地区）教育投资对其经济增长的促进作用不显著。这些结论实际上阐释了地方政府缺乏教育投资积极性的经济原因：经济落后地区迫切需要进行教育投资以培养所需人才，但因为存在效益空间外溢和资金约束而不愿或不能进行教育投资；经济发达地区因流入的人才相对富裕而减弱了政府扩大教育投资的意愿。

第二节　政策建议

前文已述，从 1980 年开始，教育经费拨款由中央和地方两级财政切块安排，地方政府成为责、权、利一致的教育经费预算、管理主体，由其自主确定教育经费数额和投入计划，中央只负担中央各部委所属高等院校和中等专业学校的经费，并负责宏观层面的规划与控制。尽管此后在中央拨款、经费管理、资金来源等方面进行了一些改革，但在总体上至今仍然沿用着上述体制。这一体制存在着三大问题：第一，权、责不对称——财权上划、支出责任下移。依据这种体制县乡级政府教育支出①负担为 87%，省地负担约 11%，

---

①　主要是基础教育和中等教育支出。

中央财政只负担了2%，从而使乡、村办学缺乏正常的财力支撑，不能保证办学的基本需求，导致对农民的乱收费、乱摊派。第二，地区间经济差距大，使教育资源在地区配置上严重失衡，导致教育分配不公。第三，缺少保证教育投资增长的硬性约束，在地方经济增长目标导向下，导致地方政府重视物质投资而轻视教育投资的现象。

本书的结论进一步揭示了我国现行教育投资体制的深层次问题：对于地方政府的考评目标与教育投入目标和效果的偏离，使地方政府更注重物质资本投资而忽视人力资本投资；地方教育投资效益外溢且缺乏补偿机制，使地方政府进一步丧失了教育投入的积极性；人力资本的空间转移使地区间教育投资更趋失衡——经济越发达、政府收入越充裕的地区人才聚集效应就越明显，地方政府进行人力资本投资的动力就越不足。经济落后、政府财源匮乏的地区却又更需要人才和教育的投资，而投资的效益又发生外溢，从而使其教育投资的动力也不足。

因此，基于我国教育、财政制度以及政府教育投资的现状，并结合我国的社会经济发展趋势和要求，本书提出以下几个方面政策建议。

一、建立"教育调节基金"

为了充分调动地方持续加大教育和人力资本投入的积极性，促进地方教育事业的发展，加强人力资源储备，一方面应有完善的法律保障体系和正确的政策导向，另一方面还应建立地方政府教育投入的利益补偿机制。对于地方政府教育投入的利益补偿主要有三条途经：一是将全国的教育支出都列入中央政府预算，并由中央政府根据地方教育投入、产出及受益状况通过政府预算进行调节；二是建立点对点的用人付费机制，即由人力资本流入地向流出地支付相应投资成本；三是由中央建立教育投资补偿基金，由中央政府根据地方教育投资和人力资本流出状况对地方进行专项补贴。如果采用第一条途径，将需要对各级政府的预算编制和管理制度、财政管理体制以及教育管理体制进行较大幅度的改革，从操作层面看短期内难以实现。如果采用第二条途径，实质上相当于人力资本的拍卖或有偿输出制度。但这又会产生一系列问题，其中之一就是会严重影响人力资本的合理流动和有效配置。采用第三条途径，不仅能有效避免其他途径产生的问题，而且比较灵活，便于根据各地人力资本流出、流入规模和结构的变化适时调整补贴的方向、规模和结构。因此，通过建立教育投资补偿基金是解决目前地方政府教育投入效益外溢的主要途径。

（一）调节基金的资金使用方向

调节基金的作用主要是实现三大目标：一是补偿，即对于教育投资效益外溢地区的补贴，以保护地方政府教育投资的积极性；二是激励，即为了促进地方政府进行教育投资，对其进行的配套补贴；三是扶持，对于贫困地区，由于财政收入约束使其对于教育的投入不能达到地方教育事业发展基本需要的地方给予的补助。尤其是将教育费附加上划中央后，必将加大这些地方的财政压力，从而影响地方的教育投资水平。因此，在对以上两大目标进行补助前，首先要通过一定的分配机制使贫困地区的可支配财力达到教育费附加上划之前的水平。此外还可以通过中央政府的一般性公共预算予以安排，或对特定地区予以专项转移支付实现扶持目标。

（二）基金的资金来源

基金的资金来源有多条渠道，例如，通过预算资金建立专项，基于所得税增收"教育调节基金"，或基于目前教育费附加口径[①]加征一定比例的附加费等。但就政策转换成本角度看，只需要将现行教育费附加收归中央即可。主要依据有以下几点：第一，不会对于地方财政造成太大的压力，从而不会引起地方教育投资规模的大幅波动。2014 年，我国教育费附加为 1720 亿元，

---

① 2010 年 5 月国务院常务会议审议通过的《国家中长期教育改革和发展规划纲要（2010－2020 年）》明确提出，使国家财政性教育经费支出占国内生产总值比例达到 4%。并提出要拓宽经费来源渠道，多方筹集财政性教育经费。从 2010 年 12 月 1 日起统一内外资企业和个人城市维护建设税和教育费附加制度，教育费附加统一按增值税、消费税、营业税实际缴纳税额的 3% 征收。教育费附加中铁道、银行总行、保险总公司缴纳的部分归中央，其余部分归地方。2011 年 7 月国务院又发布了《关于进一步加大财政教育投入的意见》，提出全面开征地方教育费附加。地方教育费附加统一按增值税、消费税、营业税实际缴纳税额的 2% 征收。地方教育费附加收入全部归地方。2016 年 5 月 1 日全面实行"营改增"后，教育费附加和地方教育费附加则按同口径、同比例的增值税额计征。

约占地方财政总支出的 1.4%，占地方教育支出的 7.8%。第二，由于教育费附加是以我国最主要的三大流转税（营业税、增值税、消费税）为基数征收，有稳定、充足的税源保证，并能随着经济的增长而稳定增长。第三，从地区结构看，经济发达地区，流转税规模大且增长快，征收的教育费附加多，由中央进行统一分配，将会加大对经济欠发达地区的教育投资扶持力度，从而有利于实现教育的区域均等化。第四，根据现行财政管理体制和财力分配格局，将教育费附加收归中央集中使用对于经济发达省份的教育投资影响很小，对于中、西部地区影响较大，但通过基金的后续分配就可完全消除其负面影响。因此，将教育费附加作为教育调节基金的资金来源是可行的。

（三）基金的使用与管理

1. 扶持性补助

基金的使用首先要保证公共财政预算收不抵支的经济欠发达地区的补偿。具体做法：如果一个地方的公共预算经常处于赤字状态[①]，则在考虑其赤字状况的基础上，对地方给予不少于上划教育附加额的专项补助。补助的计算公式如下：

$$P = B(3\% - a \times r) \tag{7-1}$$

其中，P 是对地方的扶持性教育投资补贴；B 是该地方上划的教育费附加；r 是该地的赤字率，即 $r =$（地方财政收入 - 地方财政支出）/地方财政支出；a 是调整系数，由中央在综合考虑当年的教育费附加征收规模、需要补助的总规模以及教育投资中长期规划等因素的基础上确定。

2. 补偿性补助

主要用于教育投资较多、人口净流出多的地区（见表 7-1）。具体是人口净流出——尤其是受过高等教育的人口净流出的地区。如果依据 2013 年的数据测算，主要有陕西、湖北等地区。

具体执行中可采用下列公式：

$$P = b \times 流出人口 \times 教育支出总额/受教育人口 \tag{7-2}$$

---

① 一般是依据财政管理体制由中央财政通过一般性转移支付弥补其赤字。

表 7 – 1　　　　　　　　　　**2013 年地区人口流动状态**　　　　单位：万人

人口流入地区		人口流出地区	
省份	人口数量	省份	人口数量
广东	1884.54	河南	– 1625.87
上海	982.66	四川	– 1025.66
北京	797.17	安徽	– 898.53
浙江	671.11	贵州	– 784.15
天津	465.25	广西	– 702.95
江苏	322.16	湖南	– 456.28
辽宁	151.97	重庆	– 388.42
福建	140.36	湖北	– 371.59
山东	120.96	江西	– 297.14
山西	104.71	陕西	– 196.08
云南	82.83	河北	– 170.23
吉林	72.45	甘肃	– 145.77
黑龙江	55.79	宁夏	– 14.57
内蒙古	31.76	海南	– 13.91
青海	5.41	西藏	– 5.42
		新疆	– 2.63

资料来源：根据《中国统计年鉴》《中国人口和就业统计年鉴》相关数据计算而得。

上式是一个近似的替代计算方式。准确公式如式（7 – 3）所示：

$$P_i = b \sum G_{ij} C_{ij} \qquad (7 – 3)$$

其中，b 是调整系数；G_{ij} 是 i 地区流出的第 j 种学历人口数量（如当 $j = 1$、2、3、4、5、6 时，分别表示小学、初中、高中、本科、硕士、博士）；C_{ij} 是 i 地区培养第 j 种学历单个人口的年成本。$C_{ij} = i$ 地区对 j 种学历人口的年均投资额/同期第 j 种学历人口。

但是，由于流出人口的学历结构信息获取成本太大，同时对于不同时期不同学历人口的教育投资成本的动态测算也有一定难度。因此，在此用了一个近似成本的替代方法。

3. 激励性补助

激励性资金支持的地区应同时具备两个条件：一是人均受教育年限高于

全国平均水平，这反映该地区教育投资的存量状况；二是该地方上一年度教育支出占GDP的比例须超过全国平均水平，这表明其教育投资的增量水平。一个地区如果同时符合以上两个条件，则表明该地区不仅过去有较大的教育投资（从而有较大的人力资本存量），而且目前仍然对教育保持有较大的投资力度，因此应予鼓励和支持，支持的力度取决于当年的基金收入状况，需要支持的地方数量以及规模。

根据2013年的相关数据测算，主要包括海南、江西、山西等省份（见表7-2）。

表7-2 各地区教育投入水平

区域		N（年）	K（%）	区域		N（年）	K（%）
东部	北京	12	3.516	中部	山西	9.4	4.607
	上海	10.6	3.216		江西	9.2	4.804
	天津	10.5	2.937		中部平均	9.15	4.003
	辽宁	10.1	2.933	西部	重庆	8.7	4.132
	江苏	9.4	2.498		四川	8.4	4.16
	浙江	9.4	2.532		广西	8.6	4.52
	广东	9.2	2.631		贵州	8	7.304
	海南	9.2	5.561		云南	7.8	6.546
	山东	8.9	2.623		西藏	4.4	13.48
	河北	8.9	3.257		陕西	9.2	4.866
	福建	8.6	2.854		甘肃	8.3	6.512
	东部平均	9.72	3.142		青海	7.9	9.074
中部	湖北	9.3	3.292		宁夏	8.7	4.547
	湖南	8.9	3.645		新疆	9	6.314
	河南	8.8	3.738		内蒙古	9	2.771
	安徽	8.5	4.171		西部平均	8.19	6.154
	黑龙江	9.5	3.979	全国		9.05	4.28
	吉林	9.4	3.778				

注：表中的N表示人均受教育年限；K表示教育支出占GDP的百分比。
资料来源：根据2014年《中国统计年鉴》《中国教育统计年鉴》相关数据计算所得。

二、建立政府教育投资与经济同步增长机制

（一）政府教育投资水平的量度

目前，国际权威机构衡量一个国家教育投入水平的重要指标之一就是教育经费投入占 GDP 的比例。教育经费的来源通常包括两方面：一是由政府财政拨款形成的"财政性教育经费"；二是私人出资（含家庭投入和非政府性组织捐助等）。一国教育经费的投入规模取决于多种因素，如历史、文化、教育理念、经济发展水平、收入分配制度、教育立法等。其中，有两大因素直接影响一国财政性教育经费占 GDP 的比重：

1. 国家的教育制度与政策

国家的教育制度与政策主要包括：第一，基础教育的普及程度（如高中教育是否纳入普及范围），以及城乡教育的均等化程度（通常，城乡教育的均等化程度越高，政府拨款水平也就越高）。第二，职业教育或后中等教育政策，政府是否提供这类教育、提供教育的规模以及投资力度等将会对政府的教育拨款产生重大影响。第三，高等教育财政政策，尤其是公共与私人的成本分担政策。如果实行主要由家庭负担教育成本的政策，就会相对减少政府的高等教育拨款，财政性拨款占 GDP 的比重也会较低。总体上看，我国教育的私人投资比例较低，三者都主要是由政府投资提供。

2. 财政收入占 GDP 的比重

财政收入占 GDP 的比重，又被称为宏观税负，反映一国政府对国民收入的支配程度以及微观经济主体的税收负担水平。它主要取决于一国的经济发展水平以及财政和税收制度。在一国财政收入规模既定的条件下，财政支出规模也基本确定[①]，其中的教育支出规模也被确定，因此一国的财政收入规模对其财政性教育经费规模直接构成约束。财政支出占 GDP 比重、教育支出占

[①] 如果基于其他政策目标（如刺激或抑制经济增长）可能会暂时放弃均衡财政政策，从而使财政收支出现差异。但从中长期看，财政收支必须保持平衡。基于平衡预算时，财政支出规模即为财政收入规模。

GDP 比重与教育支出占财政支出的比重三者的关系可用下式表示：

$$K = G \times R \qquad\qquad (7-4)$$

其中，K 为教育支出占 GDP 的比重；G 为财政支出占 GDP 的比重；R 为教育支出占财政支出的比重。

式（7-4）表明，教育支出占 GDP 的比重取决于财政支出占 GDP 的比重与教育支出占财政支出的比重两个因素。从世界大多数国家的数据看，财政支出（财政收入）占 GDP 的比重、教育支出占财政支出的比重在中长期都保持在一个较为稳定的水平。例如，经合组织成员国的 R 值平均保持在 13% 左右，我国近十多年来的 R 值保持在 14% ~16% 之间，其中 2014 年的这一比例达到 18.8%。经合组织成员国的 G 值近二十来一直保持在 40% 以上，个别北欧国家甚至达到 50% 以上；我国近十年来的 G 值则在 20% 左右，2014 年达到了 23.9% 的较高水平。

（二）我国的政府教育投资目标

我国在 1993 年就提出要在 2000 年实现国家财政性教育经费占 GDP 的比例达到 4% 的目标，但在 1994 ~2011 年间始终徘徊在 2.40% ~3.99% 之间（见表 7-3），直到 2012 年，才实现所定目标，2012 ~2014 年这一比例也一直在 4.0% ~4.5% 之间徘徊。

表 7-3　　　　　　　　我国财政性支出占 GDP 的比例　　　　　　　单位：%

年份	财政教育支出占 GDP 的比率	年份	财政教育支出占 GDP 的比率
1994	2.51	2005	2.81
1995	2.41	2006	3.01
1996	2.46	2007	3.32
1997	2.49	2008	3.48
1998	2.59	2009	3.59
1999	2.79	2010	3.66
2000	2.87	2011	3.93
2001	3.19	2012	4.28
2002	3.41	2013	4.30
2003	3.28	2014	4.15
2004	2.79		

注：根据《中国统计年鉴》《中国教育统计年鉴》相关数据计算所得。

我国财政教育经费占 GDP 比例偏低主要有三大原因：第一，我国财政收入占 GDP 比例一直处于 20% 较低水平，20 世纪 90 年代初曾一度降到 11%，许多发展中国家的财政收入占 GDP 的比重一般也都在 25% 以上。这意味着要达到 4% 的目标，教育支出占财政支出的比例（R 值）必须达到 20% 以上。显然，若将已经处于较高水平的 R 值（18.8%）再上调将会产生较大的财政压力。第二，我国地方政府缺乏教育投资积极性。在我国教育支出中，地方财政教育支出约占 94%，由于财政分权以及在 GDP 排名的标尺竞争格局下，使得地方政府更倾向于有更大经济增长效应的物质资本投资。尽管从 2002 年开始，中央财政安排用于教育的支出增长幅度很快，但地方政府教育投入意愿不明显，从而使对教育的投资增长缓慢。第三，地区经济发展差距大，财政教育投资差异明显。近十多年来，经济发达地区的 GDP 增长迅速，即使基于本地教育需要进行了较大力度的教育投资，其教育投资的增长速度仍然慢于经济增长速度，从而使政府教育支出占 GDP 的比例相对下降；而经济落后地区，属于"吃饭财政"，教育支出占地方财政支出的比例一直偏高（见表 7-1），经济增长相对缓慢，财政支出压力大，没有充足财力保持教育投资的高速增长。

（三）实现目标的主要措施

为了长期、稳固的实现我国政府教育投入目标，必须保证政府的教育支出增长与经济增长保持同步。为此，主要有三条措施：

第一，实现教育与经济的良性发展、提高财政性教育经费占 GDP 比重的基本路径是发展经济、增加财政收入。在此基础上，根据《中华人民共和国教育法》和《中国教育改革和发展纲要》的规定，应在不低于 4.0% 的基础上逐步提高国家财政性教育经费占 GDP 比重。

第二，逐步提高财政集中率（即财政收入占 GDP 的比例）。首先，依据式（7-1）至式（7-3），财政集中率越低，实现政府教育投入目标的困难就越大，尤其是当财政集中率低于 4% 时，就不可能实现政府的教育投入目标。因此，实现政府教育投入目标必须以适度的财政集中率为前提。其次，逐步提高财政集中率是我国社会经济发展的客观要求。教育作为一种准公共产品，决定了教育投入主体的多元性，一方面鼓励私人投入，另一方面政府也负有重要的支出责任。事实上，目前世界上绝大多数国家的政府都是教育的主要投资者。尤其是在我国，人口多、人均收入水平低、人力资本存量小，更需要政府发挥对教育发展的主导作用，从而在客观上对政府财力提出了更高要求。然而，我国目前的财政集中率还处于较低水平，甚至不及发达国家的1/2，同时，大力增加公共教育经费也已经成为当今世界各国教育事业发展的主要潮流。因此，提高财政集中率有其客观必然性。但是，如果通过较大幅度的提高教育支出占财政支出的比例将会影响其他事业的发展，因此本书认为，逐步提高财政集中率是保证我国教育支出占GDP比例稳步提升的基本路径。一方面，在发展经济、开拓财源、增强国家经济实力基础上开征教育税，同时加强税收征管，增加财政收入；另一方面，将各类财政性教育资金纳入预算，实行统一管理，扩大政府可支配的教育投入财力。

第三，在确保提高财政集中率基础上，应充分挖掘增加教育投入的潜力，保持财政教育支出占财政支出比例的基本稳定，确保现有预算口径教育支出的稳定增长。如果在未来十年内能将财政集中率提高到28%，财政性教育经费占GDP的比例达到5%，将会对我国教育事业发展奠定坚实的财力基础。为了确保各级政府对教育投入，使财政性投资占GDP的比例在4%以上稳步提升，本书经测算后提出的具体路线图如表7-4所示。

表7-4　　　　　　　　　　政府教育投入路线　　　　　　　　单位：%

时间	教育支出占财政支出比例	财政集中率	教育支出占GDP比例
第一年	18.2	22	4.00
第二年	18.0	23	4.14
第三年	18.0	24	4.32
第四年	18.0	25	4.50
第五年	18.0	25.5	4.59
第六年	18.0	26.0	4.68
第七年	18.0	26.5	4.77
第八年	18.0	27.0	4.86
第九年	18.0	27.5	4.95
第十年	18.0	28.0	5.04

本路线图的基本思路是在保持教育支出占财政支出比例基本稳定的基础上逐步提高财政集中率，但在第二年将政府教育支出占财政支出的比例下调0.2%是基于稳妥的考虑，因为该比例不仅在我国近年来处于高位，在国际比较看也属于较高的水平。长期来看，财政集中率达到一定高度后下调该比例是必然的选择。

表7-4中政府教育投入路线中将4%作为增长基点安排的依据主要有两个：第一，尽管近年来我国教育投入占GDP的比例达到了4%，但一直在低位徘徊。关键是两大基础不够稳定。从23%的财政集中率看，目前处于近二十年来高位水平，能否持续还难以确定，尤其是教育支出占财政支出的比例也同时处于近十多年来的较高水平，更增大了这种不确定性；第二，从2016年5月1日开始全面推行了"营改增"改革试点，近年内还将进行更大幅度的税收体系改革，改革结果能否提高财政集中率尚不能预料。为了稳固基础，将未来十年教育投资增长的初始基数确定为4%较为稳妥。

表7-4中财政集中率提高的速度有所不同，前四年每年提高一个百分点，而从第五年开始年均提高0.5个百分点。这种安排主要基于以下考虑：一是连续几年的较大幅度提升之后需要一个相对平缓的稳固期，因为财政集中率每提高一个百分点，意味着在保持财政收入增长基础的同时，额外增加近2000亿元的税收负担[①]，确实应该让微观经济体"喘口气"；二是25%的财政集中率已经是改革开放后的历史高位，再次提升的难度将会越来越大，放缓提升速度是客观要求。

第四，进一步完善教育法律体系。为了形成财政性教育投入不断增加的有效保障机制，必须以法律形式进一步明晰中央和地方政府在教育投入方面的责任和权利，尽快制定和颁布教育经费投入方面相关法规，从法律层次上保证教育投入。以落实《中华人民共和国教育法》中规定的"三个增长"为基准，建立对省级政府的全省教育支出占GDP比重的考核机制，规定各级政府年度教育经费投入在本级财政支出中的比例及年增长率或经费投入总额。同时，确定经费投入增长率和经费总额时应扣除物价上涨因素，按可比价格

---

① 依据2016年我国财政预算数据测算。

计算，防止经费增长被物价上涨抵消，保证教育经费有实质性的增长。

三、完善我国政府教育投资管理体制

我国教育投资管理体制的系统性改革是一个非常庞大、复杂的工程，同时涉及各级政府、各个地方、各个部门等各方面的利益和关系，并需要多方面的配套改革。但应始终坚持的原则是：以保障我国教育事业持续稳步发展为目标，在明晰中央与地方政府职能边界的基础上，合理划分中央与地方的财权和事权，坚持中央统筹地位，充分调动地方政府的积极性。并重点在以下几个方面进行改革和完善。

（一）建立责、权合一的省级教育支出预算体系

我国目前各级政府间的教育责任为：高等教育实行中央和省级两级管理；基础教育投资以地方政府为主，中央通过专项转移支付给予一定补助。其中，中、小学教育占教育总投入 60% 以上，主要由县（区）、乡两级政府实现。但依据现行财政体制，财力分配格局呈现倒"金字塔"形，中央、省（市）、县（乡）的自有财力分配格局大致为 55∶30∶15，除了教育支出外，县乡政府还要满足其他经济社会事业发展的需要，"县乡财政困难"由此产生。教育支出占财政支出的比例在我国大部分县中已超过 45%，还有少数县甚至超过 80%。因此，我国县乡财政困难，县乡教育更困难已成为不争的事实。在此情况下，经济增长带来的财政增量收入绝大部分由中央和省市级政府支配，而要求与经济增长保持同步的教育经费增量却要由县级政府负担，显然，这不仅不合理，而且很难实现。因此，要保证地方政府教育投入与经济增长同步，就必须对各级政府在教育方面的责、权进行明确合理的划分。

对于地方政府教育责权的划分有三种选择：第一，根据县乡教育投入需要，将相应财政收入权力下放给县级政府，除了一些特殊地方外，中央和省级政府不再给予补贴。第二，将中、小学教育支出责任上划到省级政府，同时经过测算并依据财政管理体制，县级政府上划部分收入，若仍然有缺口由中央补齐。第三，将省以下各级政府的教育支出预算全部并入省级预算，由

省级政府统收统支；中央直接对省级政府补贴；市、县、乡各级政府具体负责预算执行。

本书认为，第一种是责权集中于县级政府。理论上应该能够较好地保证地方，尤其是县乡政府的教育投入以及教育投资与经济的同步增长。但这一选择意味着我国财政管理体制模式由适度分权型向分权型的转变，而这种转变又要求首先进行分权型的经济管理模式（甚至分权型的政治体制）转变，这种转变不仅会产生非常大的制度转换成本，而且在我国至少中期内还难以现实。第二种是责权集中于省级政府。这不仅能较好地保证地方政府的教育投入，更好地实现教育投资与经济的同步增长，而且有利于实现县域间的教育公平。但是，由于绝大多数预算单位都位于县级地区，如果由省级政府具体执行预算、实现教育支出，在技术层面有较大难度，将会产生极大的行政成本，且必然降低教育投资效率。第二种与第三种路径的主要区别在于：后者实际上是将"支出责任"（核心是：经费筹集和预算安排）与"实现支出"相分离。这种方案集中了前两条路径的优点，又避免了第二种选择的缺点。因此，本书建议选择第三条路径对现有体制进行完善。

基本内容包括：第一，各预算单位（学校、教育机构、教育管理和服务部门等）编制本单位的支出预算，并上报教育主管部门；第二，由教育部门编制本级（政府）教育支出预算，并调整、汇总所属预算单位预算后形成本级教育支出总预算，报上级教育主管部门；第三，上一级教育主管部门编制本级教育支出预算，并调整、汇总下一级教育支出总预算形成本级教育支出总预算，报上级教育主管部门；第四，直至省级教育主管部门编制本级教育支出预算，并调整、汇总各地市的教育支出总预算后形成省级教育支出总预算，报省级财政部门；第五，省级财政部门在综合考虑省财政收入状况、各项社会经济发展规划和需要等因素的基础上对省级教育支出总预算进行调整，并进行多次"逆向反馈—再调整"后确定省级财政预算（包含教育支出预算）。

为了保证各省预算安排的教育投入增速不慢于其经济增长速度，各省最终确定的教育支出预算数应符合以下要求：

$$E_i > E_{i-1}^*(1 + r_i) \qquad (7-5)$$

其中，E_i 为第 i 年的教育支出预算数；E_{i-1}^* 为上一年的决算数（或实际执行数）；r_i 程序为第 i 年的经济增长率。由于第 i 年的预算一般是在第 i 年初编制，而 r_i 的实际数值只能在第 $i+1$ 年初确定，可先用经济增长计划数代替，并在第 $i+1$ 年初依据实际数值修订。

与现行制度相比，对教育支出预算管理的上述改革有以下优点：一是提升了教育预算编制层级，乡、县、市财政不再编制教育支出预算，从而减少了预算编制主体，使教育投资与经济同步增长目标更易落实；二是财力上更有保障，并有利于缩小省内地区间差距，实现教育公平；三是各级教育支出预算的编制相对独立于本级财政，可以有效减小市级以下各级地方政府因目标导向问题而压缩教育投入的可能性。

可能产生的问题是：由于各级教育支出的预算拨款不再依赖于本级财政，因此会产生扩大教育支出预算的冲动，这就要求各个预算单位和各级教育管理部门应本着实事求是的态度，坚持勤俭节约，正确处理近期与长远、个体与全局的关系，使编制的教育支出预算科学、确实，使教育投资产生更大效益。同时，应进一步加强省级预算管理，增强预算编制的精细性和科学性。

（二）完善教育专项转移支付制度

目前，我国区域间经济发展水平与财力存在明显差距，为缩小地区间教育支出水平和发展水平差异，一方面，应进一步完善以保持地方财政收支平衡为目的的一般性（均衡性）转移支付制度，使中央财政再适当集中部分财力，对中、西部地区和贫困地区进行转移支付，弥补其财政缺口，减少地方政府对教育投资的挤压；另一方面，应进一步完善以平衡各地方财政教育投入差异为目的教育专项转移支付制度。

教育专项转移支付应主要用于弥补西部和贫困省份基础教育经费缺口以及改善办学、教学条件等问题。其中，重点是支持"二低一高"地区，即：第一，人均受教育程度低。在国目前主要是指平均受教育程度低于九年的地区，尤其是低于八年的地区。第二，人均财政收入大大低于全国平均水平

（5547元，见表7-5）。第三，财政性教育经费占GDP的比例高，按目前全国的平均水平已达5%以上。上述三点实际上表明了"二低一高"地区的基本特征：经济相对落后，教育基础差、投入存量小，财政压力大。

表7-5　　　　　　　　　　　　教育专项支付补助分析

地区	R（元）	N（年）	K（%）	地区	R（元）	N（年）	K（%）
北京	18714	12.0	3.516	安徽	3647	8.5	4.171
天津	15757	10.5	2.937	江西	4143	9.2	4.804
河北	3324	8.9	3.257	广西	2992	8.6	4.52
上海	18902	10.6	3.216	山西	2474	9.4	4.607
江苏	9087	9.4	2.498	内蒙古	5052	9.0	2.771
浙江	7484	9.4	2.532	陕西	5008	9.2	4.866
广东	7508	9.2	2.631	重庆	6426	8.7	4.132
福建	6207	8.6	2.854	四川	3761	8.4	4.16
海南	6150	9.2	5.561	贵州	3896	8.0	7.304
山东	5135	8.9	2.623	云南	3602	7.8	6.546
辽宁	7269	10.1	2.933	西藏	3909	4.4	13.48
吉林	4373	9.4	3.778	甘肃	2596	8.3	6.512
黑龙江	3395	9.5	3.979	青海	4317	7.9	9.074
湖南	3359	8.9	3.645	宁夏	5134	8.7	4.547
湖北	4414	9.3	3.292	新疆	5580	9.0	6.314
河南	2903	8.8	3.738	全国平均	5547	9.05	4.15

注：表中的R表示人均财政收入；N表示人均受教育年限；K表示教育支出占GDP的百分比。
资料来源：本表根据2015年《中国统计年鉴》有关数据计算而得。

据此，我国目前亟须教育专项转移支付补助的主要是贵州、云南、西藏、甘肃、青海等地。另外，人均财力很低的河南、广西和山西以及财政教育投入水平较高的新疆、海南等地也需要根据具体情况予以补助。

同时，要强化对教育专项转移支付的资金管理，实行转移支付项目资金的专项使用责任制，对从资金的拨付计划、投入使用到项目完成的每一个环节都要进行严格监督；有关管理机构还应建立项目专门账户，专款专用，不得把教育专项用于平衡地方预算；要实行项目验收制度，提交专项资金预算报告和资金使用的审计报告，实现教育专项转移支付资金使用、管理的规范化，并尽最大限度提高资金使用效果。

（三）鼓励多渠道筹措教育资金，为教育发展提供支持

随着我国教育规模的日益扩大，对教育投入的需求急剧增加。然而由于经济发展水平和政府收入规模的制约还无法完全满足我国教育事业发展的需要。因此，发动社会力量办教育、多渠道筹措教育经费就成为弥补经费不足、减小对政府过度依赖的有效手段。

由于各地在经济、社会发展等方面存在较大差别，因而在具体实践过程中，各地政府要基于本地区的经济发展实际，充分发挥自身优势，制定更多的优惠政策，如发行教育公债，加大向教育投资的税收减免力度等政策，放宽个人办学的资格条件，简化办学的程序和手续，鼓励社会各界多样化投资办学，吸引社会资金流入教育事业。除鼓励私人直接办学投资于教育外，还可以通过各种税收优惠政策等措施鼓励社会力量对教育的间接投资。

1. 促进"产学研"结合

促进"产学研"结合是吸引社会资本教育投资的重要途径。产学研结合是指生产单位、高等院校和科研单位有机结合、协调发展的过程或活动，三者合作的核心内容是技术的研发和应用。当前，技术进步已经逐渐成为我国重要的经济增长点，未来经济的发展还需要更多、更有创新意义的高新技术作为支撑。但我国目前在技术研发以及成果转化方面存在诸多障碍。一方面，高等学校和科研单位有雄厚的技术研发力量，由于缺乏资金支持和明确的研究目标而不能有效发挥，即使研发出来的成果也不能得到及时、有效的转化；另一方面，企业有大量的技术难题不能解决，大量新技术需求无从寻找。因此，促进产学研的结合甚至一体化将有助于这一问题的解决。同时，通过"产学研一体化办学"模式，有利于整合教育与科研、行业生产等活动和资源。这不仅能够吸引产业资本对教育的投入，还有助于发挥高等教育对提升产业素质、推动产业发展、为企业提供高质量人才和高新技术支持的积极作用。

为保证产学研一体化的良性发展，政府应建立和完善相关法律和政策体

系，充分调动社会资本投资教育的积极性，鼓励高等学校和教师科研创新，尤其是要对挫伤企业、高校和教师积极性的投资制度、收入分配制度以及财务管理制度等进行修订和调整。例如，我国的现行税法规定，对社会力量（包括企事业单位，社会团体，个人和个体工商企业户等）资助非关联的科研机构和高等学校研发新产品、新技术、新工艺所发生的研究开发经费可全额在当年应纳税所得额中扣除，而企业向所属的科研机构和高等学校提供的研究开发经费支出则不能扣除，从而在一定程度上抑制了企业投资教育的积极性。对于这一限制的免除，会大大调动企业投资的积极性，促进高校产学研的良性发展。

为了促进产学研的结合，学校应当更加积极地参与经济社会活动，了解和针对市场需求，充分发挥自身的特色和优势，利用学校资源，积极推动与产业资本的结合；同时，努力推进科学技术创新，加速科研成果转化为社会和企业服务，并争取获得最大经济回报以支持教育和科学研究事业的进一步发展。另外，高等学校还应采取有效措施，充分调动教师的科研积极性，建立健全科技成果产生机制，完善科研评价体系，提高科技创新成果质量。

职业学校、高等院校通过校企合作，可以更直接地面向社会需求、市场需求，通过加强市场调查工作调整自身的专业结构、学科体系，针对企业和社会需求动态设置专业，积极推进与市场需求相关的重点课程建设，培养出更适合社会和企业急需的紧缺人才。一方面，可以争取到企业的经费支持；另一方面，也可以辅助学生的就业工作，增加学校的社会吸引力。

能否促进产学研一体化的关键是要建立一套合理的产权和收入分配制度体系。应明确以企业为主，学校、研究院次之的产学研结合的收入分配体系。企业是市场的主体，能第一时间对市场需求进行判断，同时也是生产的第一线。我国的企业研发应该在科技研发中起到主导作用。但从实际情况来看，我国的技术创新系统是以科研机构为主，学校和企业为辅，国家财政的科技费用主要拨给科研单位、高等院校和少数大型国有企业或上市公司，对民营企业在技术开发上的支持较少。另外，我国在高素质人才引进方面应该下大力度，提供优惠政策吸引国外高素质人才和留学的中国学子归国，进而把国外的先进技术带进中国企业，对国外新技术和知识进行更好的学习和交流。

在校企双方的合作中，可以使企业提供资金，学校以其知识和人才提供相关服务，实现双赢。例如，企业委托学校培养人才，委托学校进行科研开发等。校企合作也可能是双方共同开发共同获利，如大学城建设。我国当前的大学城许多都是由政府出政策、出土地，学校企业共同出资建造的。还有一种方式的校企合作是建设大学科技园区。此类园区是依托高校科研、人才密集的优势，为中小型高科技企业提供相关服务，以实现高校科技成果转化和促进高科技企业发展的目的。

2. 积极争取社会捐赠

世界各国的实践表明，社会捐赠是教育的重要资金来源，很多著名的私立学校都是运用慈善资金建立和发展起来的。政府和学校要成立专门的筹资机构，负责社会捐资活动。通过制订筹资计划，研究筹资策略和技巧，争取以最低的筹资成本获取最高额的可使用资金。诚然，我国目前慈善捐赠的氛围还不浓厚，社会捐助尤其是私人捐赠办教育的数量还非常少。除了人们的慈善、捐赠观念有待加强外，主要原因是有两个方面：一是捐赠的相关法律、税收政策和保障制度还很不完善；二是学校和相关单位的宣传及筹款工作有待进一步加强。尤其是我国的现行税制对捐赠事宜没有较为优惠的规定，目前对教育捐赠的优惠仅是税前扣除捐赠额，企业或个人对教育和公益事业的捐赠不能免税，而且不能从企业的税前利润中支付捐赠，从而大大制约了个人和企业捐赠的积极性。因此，一方面，目前政府应加快相关法律和制度建设，打造社会捐赠的软、硬环境；另一方面，各办学单位应充分发挥自身优势和特色，做好宣传和相关组织工作，积极争取社会捐赠。

四、优化教育投资结构、提高支出效率

以有限的教育投资，最大限度地满足社会对各级各类教育的需求，实现社会效益最大化是各国教育投资的基本目标。而要实现这一目标的基本途径就是优化教育支出结构、提高教育资源的配置效率。优化教育支出结构，提高教育支出效率可以使即定教育资金发挥更大的社会和经济效益。

目前，我国的教育支出结构处于严重的失衡状况。主要表现在三个方面：

一是学历结构不合理，即在初等教育、中等教育和高等教育三级教育的投入比例不尽合理，其中初等教育投入比例最低、中等教育比例其次，而对高等教育的投入比例最高，表现为"重高等教育、轻基础教育"的倾向。二是区域结构不平衡。发达的东部地区不仅有财政投入的支持，还有许多其他资金在教育方面的投入，而相对落后的中、西部地区只能依靠国家的财政。2013年我国东、中、西部省份平均国家财政性教育支出总额分别为893.85亿元、769.19亿元、479.05亿元，比例为1∶0.86∶0.54，其中居首位的是广东，财政性教育支出达到1744.59亿元；居末位的西藏仅有107.18亿元。三是城乡差别大，农村义务教育财政经费总量不足。在农村教育经费投入不足、生均经费低于全国水平的情况下，近年来农村初中与小学教育经费增长速度又远低于全国水平，更低于城镇水平从而使城乡教育经费投入差距进一步扩大。因此，我国的教育资金投入既有投入规模不足问题，也有投资结构失衡、投资效率低下问题。政府不仅要建立保障财政教育投入的增长机制，也要制定优化教育投资结构的政策措施。在制定教育政策时，政府需要正确处理效率和公平的关系，优化三级教育结构、城乡教育结构和区域教育结构，使各个层次、地区的教育能够均衡发展。

（一）以基础教育为重点，优化三级教育支出结构

是以基础教育优先，还是高等教育优先，取决于一个国家的教育制度、社会经济发展水平、教育投资存量以及"公平—效率"观等因素。目前世界各国政府承担基础教育经费的比例一般都在85％以上。由于高等教育是混合型产品，私人属性较强，有较大的私人配置空间，而且研究表明，就发展中国家来讲，对基础、中等教育的投入效率要相对高于高等教育。因此，在教育经费不足的情况下，对基础教育和中等教育进行重点配置，是多数发展中国家的一般选择。

根据我国经济发展水平还比较低的实际情况，应将基础教育、中等教育放在优先发展的地位，中央和地方政府应当将有限的教育经费更多地投入到收益率较高的基础和中等教育中去。基础教育，是我国受众面最广的教育，是国家教育公平的基本体现；基础教育不仅是进行其他教育的基础和前提，

而且它直接决定了国民的整体文化素质和国家科学技术发展水平；基础教育和中等教育（包括专科教育、高等职业技术教育等）培养了国家所需的各行各业应用型专门人才和基本劳动力大军，二者直接决定了一个国家劳动力的文化素质、技术水平和工作能力；对基础教育和中等教育的投资已经成为经济增长的重要动力源。因此，无论是从公平角度，还是从效率角度看，都应将基础教育和中等教育放到政府资金优先配置的地位。

目前应重点加大职业教育的政府投入力度。在我国义务教育基本普及、高等教育进入大众化阶段以后，如何加快职业教育的发展已成为促进我国各级各类教育协调发展的一项重要任务。职业教育是我国教育的薄弱环节，同时职业教育发展中普遍存在经济发展需要与学生选择意向的矛盾，需要各级政府进一步发挥主导作用，加大对职业教育的经费投入，促进职业教育快速发展。第一，调整普通高等教育与职业教育的分配结构，增加财政性教育经费用于职业教育的比例，加强职业院校基础能力建设。第二，对职业院校的学生，提供与普通高等院校学生大体相当的生均预算内事业费及公用经费。地方各级政府要切实落实国务院关于大力发展职业教育的有关要求，制定本地区职业院校的生均经费标准，增加职业教育专项经费，加大对职业教育的投入。第三，建立地方职业教育发展水平的年度公报制度，公布各地区职业教育每年招生的比例、财政性经费投入增长率、生均预算内教育事业费水平以及职业教育资源投入和改善情况等。

我国高等教育事业的发展，对于提高全民素质，保障我国科学技术进步以及社会经济长期稳定的发展等都发挥了巨大作用。但盲目扩大招生规模，必然加大相关配套设施投资需求，增加政府教育投资压力。因此，需要对高等教育做出长期、合理的规划，适度调整政府在高等教育、基础教育和专科技术教育中所承担的教育投资比例，实现我国各级教育与经济的协调发展。

对于我国的高等教育，目前应在优化结构、补齐短板、保障重点的基础上，保证投入的稳定、适度增长。即在保持总体规模基本稳定的基础上，推进我国高等教育专业综合改革，调整优化专业结构，重点调增有关国家安全、战略新兴产业、产业改造升级、经济社会建设、公共服务等领域急需的专业设置和支持力度；加强农林、水利、交通、能源、环境等具有行业特色的高校建设；对于国家社会经济发展明显过剩的专业予以改造、限制；促进高校合理定位，支持有特色高水平地方高校发展，引导具备条件的普通本科高校向应用型转变，培养生产服务一线的应用型、技能型人才。同时，应加强对高等教育的分类指导，建立高校分类设置、分类拨款、分类评估制度，构建长效机制。同时，应推进现代大学制度建设，完善学校内部治理结构。建设一流师资队伍，用新理论、新知识、新技术更新教学内容；全面提高高校创新能力，推进世界一流大学和一流学科建设。

（二）加大农村教育投入力度，缩小城乡差距

缩小城乡差距，不仅是实现教育公平的基本要求，同时也是提高教育投资效率的主要途径——对于经费严重短缺的农村的教育投资将会有更大的（边际）经济效益和社会效益。缩小城乡差别、建立城乡统一的教育体系，重点在于建立农村的义务教育经费保障机制，其基本措施主要有：将基础教育的投资主体上移，实行基础教育支出"以中央为主的多级分担，省级组织实施管理"投资管理模式；发挥地方在信息、效率上的优势，将管理主体下移；优化教育布局，基本实现县域校际资源均衡配置，科学推进城乡义务教育公办学校标准化建设；改善薄弱学校和寄宿制学校办学条件，加强教师队伍特别是乡村教师队伍建设，落实乡村教师支持计划；普及高中阶段教育，对家庭经济困难的学生免除学杂费。同时，加大中央政府对于偏远落后地区的教育专项转移支付，提高平衡各地区教育均等的能力，促进基础教育均衡发展。其中从 2016 年春季学期开始，国家已经统一确定了生均公用经费基准定额，对城乡义务教育学校（含民办学校）按不低于定额标准给予补助，并将从 2017 年春季学期开始，对城乡义务教育学生（含民办学校学生）免除学杂费、免费提供教科书、补助家庭经济困难的寄宿生生活费。

（三）向贫困地区倾斜，均衡区域教育投资

公共教育均等化是国家协调区域间关系、稳定社会经济发展的长期战略。区域间教育投资均衡是我国公共教育均等化的内在要求和主要表现，也是我

国经济实现持续、均衡发展的基本保证。因此，旨在保持地区均衡的教育投资，不仅是实现教育公平的手段，也是提高微观和宏观经济效率的主要措施。与经济发达地区相比，我国贫困地区——主要是中、西部地区的教育基础薄弱，投入增长速度慢，地区经济发展水平差、后续教育投资能力不足。因此，需要采取一系列措施予以扶持：

（1）中央政府应进一步加大公共教育投入向中、西部地区和民族边远贫困地区的倾斜力度，扩大教育的直接投资和专项拨款规模，以保障贫困地区学校房舍、设施和设备、教师和服务的基本需求。

（2）进一步优化地区间财政教育支出结构，建立完善的转移支付制度。一方面，完善分税制，完善一般性无条件转移支付制度，实行中、东部地区集中部门财力向西部地区的纵向转移以及富裕地区向贫困地区的横向转移。另一方面，建立教育专项转移支付制度，重点用于改善农村地区的办学教学条件。这也可在一定程度上减轻中央财政的负担。

（3）通过制定相关制度、完善相关体制，采取有效措施，大力提升中西部和贫困地区办学水平，促进教育、经济的均衡协调发展。

五、引导人才合理流动，优化人力资本空间配置

增加对贫困地区的教育投资的根本目的在于通过教育投资，增加其人力资本存量和质量，为地方社会经济的发展奠定基础。因此，与教育投资相比，更为重要的问题是：贫困地区如何留住培养的人才？进一步，如何吸引区域外人才？

人才流动是市场经济下的必然产物，也是社会经济发展的必然规律。合理的人才流动有利于经济社会发展、有利于改善人才的分布结构、有利于充分发挥人才的作用。从本书结论也可看出，人口流动对人口流入地的经济增长起到了显著促进作用。因此，总体上应以人才的市场化配置为基础，调整和优化人才流动政策，消除人才流动的体制性和政策性障碍，鼓励人才的合理流动、合理配置和使用，为社会经济发展提供有力的人才保障和智力支持。

　　然而，人才的盲目、无序流动将造成人才的浪费从而降低教育投资的效率。如本书所述，我国人才流动的基本取向是由中西部地区流向东部地区、由经济落后地区流向经济发达地区。由此出现了两大现象：经济相对落后又急需人才的中、西部地区的人才大量流出；经济发达的东部地区人才高度聚集，并出现了严重的人才浪费——大量的人才闲置，或从事着不能发挥其专业优势的工作，"流体物理学家当水管修理工"的现象极为普遍。因此，保持人才在区域间的合理流动、充分发挥人才潜能和优势是提高教育投资效率的根本途径。

　　科学合理的政策和制度体系是保证人才合理流动的根本保障。第一，应坚持人才市场化配置与政府宏观调控相结合的原则。在充分发挥市场人才配置功能的基础上，政府应加强人才市场法制建设，完善市场体系，健全市场服务功能；运用法律、经济、行政等手段，加强宏观调控，形成适应国家经济社会发展需要的人才配置和调控体系。第二，建立健全人才流动机制，提高人才横向和纵向流动性，促进人才在不同性质单位和不同地域间有序自由流动。完善工资、医疗待遇、职称评定、养老保障等政策，激励人才向基层一线、中、西部地区、艰苦边远地区流动。开展东部沿海地区与中、西部地区、东北等老工业基地人才交流和对口支援，继续实施东部城市对口支持西部地区人才培训工程。第三，中、西部地区应更大程度地开放户籍制度，消除人口流动限制，鼓励人口向本地流动，实现地方政府间良性的人才竞争，促进各地区经济均衡发展。根据本书结论，相邻地区或距离较近地区固定资产投资或教育投资，对本地经济发展水平起到显著促进效应，而中、西部地区也显示出典型集群特征。因此，同区域的地方政府应制定和实施区域性人才引进和发展战略，共同协作，共同发展。第四，中、西部地区应营造良好的人才发展环境。尤其是要完善人才评价激励机制和服务保障体系，营造有利于人才培养、有利于各类人才充分发挥其才能的社会环境；发挥政府投入引导作用，鼓励人才培养和人才引进，尤其要实施更积极、更开放、更有效的国外人才引进政策；完善业绩和贡献导向的人才评价标准，使人才能以知识、技能、管理等创新要素参与收入分配；强化对人才的物质和精神激励，鼓励人才弘扬奉献精神。

六、制定科学合理的地方社会经济发展考核目标

对地方政府官员的任免、考核、评价和晋升等制度也是影响地方政府教育投入积极性的重要因素，尤其是对地方政府和官员的考核和评价机制将直接影响地方政府和官员的行为和决策。为了充分调动我国地方政府加大教育投资的积极性，中央政府应调整和优化对地方政府和官员的政绩评价体系。尽管中央政府对地方政府和政府官员有着多维的考核体系，对教育的投入也是政府应尽的职责，但政府的教育投入力度则取决于官员自身的职业道德水平以及相关的约束激励措施。只有建立科学合理的约束、激励制度才能促使地方政府和官员科学地决策，才能保障教育事业的顺利发展。

对地方政府和官员的政绩考核，应按照客观公正、权责统一的原则，构建起以能力和政绩为主要内容、符合地区和部门实际、针对性和可操作性强的官员政绩考核指标体系。

（1）应改变使地方官员一味追求 GDP 的导向，这就要求在对地方和干部考核上，应去"GDP 唯上"。不能仅仅把 GDP 作为考核政绩的主要指标、不能搞地区的 GDP 排名、不单纯以 GDP 来衡量地方发展成效、不能简单以 GDP 评定领导干部。

（2）考核指标体系的设计应体现三个方面：第一，考核的内容应包括：有质量、有效益、可持续的经济发展和民生改善，社会和谐进步，文化建设，生态文明建设，党的建设等；第二，考核的指标应包括：经济增长、环境保护、资源消耗、安全生产劳动就业、消化产能过剩等；第三，加权考核的指标应包括：居民收入、教育文化投入（与产出）、科技创新、人民健康状况等。

（3）指标设计应根据各地区、各部门的具体情况进行差异化设计，不能搞"一刀切"。尤其是对重点农业区、限制开发区、自然和文化保护区等要有针对性的指标设计，如农业发展、文化传承与保护、扶贫开发等。

（4）加强对政绩的综合分析。对于地方政府和官员的政绩不仅有科学、合理的考核体系，更应加强对其政绩考核结果的综合分析：不仅考核其任内

政绩，还应关注其对历史问题的解决成效，以及对上一任发展规划的传承性和连续性；既要看发展的成果，又要看发展的成本；既要注重考核显著性绩效，更要注重考核基础性、长远性的潜在性绩效；既要考核尽力而为又考核量力而行；既要注重有益工程，又要识别和制止"形象工程""政绩工程"尤其是"吃子孙工程"。

总之，为了充分调动地方政府对教育投入的积极性，应建立全面、科学的绩效考核体系。该体系要能够准确反映地方经济、社会和人的全面发展情况，重点考核经济指标、社会发展和可持续发展指标、社会评价指标等方面，尤其是要在明确各级政府及相关政府部门教育经费投入责任的基础上，将教育、科学研究等公共领域的业绩纳入官僚政绩考核指标，在考虑社会发展综合平衡的前提下加大评价权重，并对政府的教育经费预算的执行情况进行全程监督。同时，通过与上级政府或组织部门签订绩效合同的方式使教育支出项目与各级管理者的福利待遇、干部任免和绩效考评结果直接挂钩。

基于教育投资效益的迟滞性，对地方政府和官员在教育方面的政绩评价可以适当放宽评价周期，以免其在任期内急功近利，搞形象工程。对地方政府和官员教育政绩考核，不仅要看其教育投入的规模，更应该看其实际取得的实效；不仅要看其城市教育发展的实绩，也要注意其农村教育发展的实绩；不仅要看其高等教育的绩效，也要看其在义务教育、中等教育、职业教育的绩效。并要尽可能广泛和深入地听取居民的评价。对于在教育方面政绩显著的官员可以优先评优、晋级、升迁等，同时给予必要的物质奖励和精神奖励。通过这些评价指标体系的导向和激励措施来激发地方政府和官员投资教育、发展教育的内在热情和动力，从而形成教育投资的动力机制。

第三节　讨论与未来的研究

一、不同主体教育支出对经济增长的贡献

教育，从经济性质上划分，它属于准公共商品，教育的供给成本应由政

府和私人共同承担。具体而言，从教育层次上讲，初等教育和中等教育的成本应由政府承担，高等教育和职业教育由政府和私人共同承担，因此，教育支出实际上包括了"政府教育支出"和"私人教育支出"，两种支出之间在某些特定情形下既存在互补关系，也有替代关系。例如，政府大力发展教育，增加政府教育支出，发挥导向作用，家庭也会重视教育，增加私人教育支出，是为互补关系。又如，政府在学前方面的教育支出不足，私人教育支出就会增加。

教育的产出是提高了人的智力水平，掌握了科学文化知识和技能，形成人力资本，受教育程度越高，越有可能在劳动力市场上可以获得更高的回报。在我国，"万般皆下品唯有读书高"的传统理念影响下，私人部门对教育的支出较大，尤其是当学校教育系统中对学生选拔存在某种导向时（如奥赛获奖、琴棋书画、体育等加分），私人部门在这些方面的教育支出会大幅度增加，从而最终形成人力资本，促进劳动生产率和经济增长。因此有必要分别考察政府教育支出和私人教育支出对经济增长的贡献情况。

当然，私人教育支出、人力资本形成、私人劳动报酬以及宏观经济增长间的关系较为复杂，需要将微观主体和宏观经济增长放在一个模型中，考察其各自的静态和动态分析。在实证研究中，有些数据的获得也相对不易，如何获得科学的样本数据就成了未来的一个重要方向。

二、政府教育支出与经济增长的内生性

经济增长理论是一个不断内生化的理论过程。从我国地区间政府教育支出的横向比较可以直观地看出，就教育支出绝对值而言，东部地区最高，其次是中部地区，再次是西部地区，直观上容易得出经济发展水平高的地方，政府教育支出越高的结论，那么本书的研究的关键词：政府教育支出与经济增长之间就存在互为因果内生关系的可能性，而且似乎从理论上也说得通，毕竟教育在某种意义上讲是人们消费品中的"奢侈品"，其消费的需求弹性较大，只有当人们的收入水平较高时才会增加对教育的需求，东部地区较之中、西部地区经济发展水平高，无论政府收入还是家庭收入都会高于中、西部地

区，其教育支出也不足为奇，简言之，是经济增长在解释了教育支出，这样教育支出和经济增长就成了互为解释的关系，内生性就产生了。

但并不能肯定这种内生性显著存在，原因有以下三点：第一，从相对值看，本书分析了政府教育支出与国内生产总值的比例，发现比例最高的是西部，其次是中部，再次是东部地区，也就是说政府教育支出与经济发展水平在区域间并不相同，反而是欠发达地区教育支出占当年 GDP 的比例要高于发达地区，从这层意义上讲，地方政府的教育支出决策并不完全依据于本地的经济水平。第二，物价水平，东中西区域间物价水平有明显差距，政府购买教育设施和服务，东部地区的支出总额要高于中、西部地区，也就是说，东部地区在教育支出绝对额上的领先，并不一定意味着它购买或供给的教育服务比中、西部地区更多。第三，人口流动带来教育投资外溢效应使得东部地区的经济增长得益于流入的高技能人才，并使其政府教育支出对经济的杠杆效应更明显，在此情况下，就不能肯定是东部地区经济发展的高水平推高了政府的教育支出水平。以上三点需要未来进一步的实证检验才能定论。

三、人口流动的测度

本书中采用流入人口占本地户籍人口之比测度了人口流动变量。实际上，就某个地区的人口流动而言，一般应该包括本地人口的流出（迁移）到外地和外地人口的流入（迁移）到本地两个方面。以河南、四川等人口大省为例，其外出务工、从商、求学的人口数量远大于外地流入这些省份的人口数量，这人口流动的一正一反就必然出现某地的人口流动净流出（流入）。因此，采用净流入（流出）数值或许更为科学。在数据收集中，获取各省流出、流入人口的数据较为困难，最终选择采用我国公安部门出版的《全国暂住人口统计资料》的流动人口数据作为替代。

从时间维度上看，流出人口在多长时间后回流到本地，流入的人口在多长时间后回流到外地，通常来讲，回流时间长短与人口本身素质的变动又有关系，外出闯荡的时间越久，个人的知识阅历也随之增加，积累更多人力资本，从而对劳动生产率带来积极影响。在目前关于人口流动的测度中鲜见有相关考虑。基于此，本研究初步将流入人口中居住时间超过六个月的人口进行加总（并不区分个体身体特征与职业特征）作为人口流动的测度。不可否认，该测度方法有瑕疵，它也成为未来相关研究努力改进的方向之一。

四、研究方法

本书实证分析部分采用了静态面板数据模型来刻画政府教育支出、人口流动对区域经济增长的效应。静态面板数据模型能够描述同期变量间相互影响，但无法反映被解释变量的滞后对当期的影响，因此，未来的研究在模型选择时应该从以下两个方面重点拓展：

（1）模型动态化。首先是经济增长本身具有粘滞性，一方面，由于经济增长中的投资往往具有跨期特征，这种投资的连续性使得经济增长间存在跨期影响；另一方面，我国地方政府主观驱动，为达到年度经济增长目标，往往在设定经济增长目标时会参考上年度增长情况。其次，教育的效应具有滞后性。教育支出中固定资产投资和教育消费部分可构成当期国内生产总值，实际上，教育支出形成教育服务的过程和结果，人力资本积累对长期经济增长的影响往往具有滞后性，因此客观上需要考虑教育支出效应的滞后性。因此，未来设定回归模型时需要设定"自回归分布滞后"类的动态模型，并设定前定解释变量和内生解释变量，采用广义矩估计法进行参数估计。

（2）采用一般均衡模型分析。经济增长是一个复杂的现象，驱动经济增长的因素有很多，有要素驱动，也有制度驱动，甚至还有社会心理、地理、气候、文化等诸多因素，这些因素之间并非完全孤立，而是有着千丝万缕的联系，或疏或近。政府教育支出只是这众多因素中的一个方面，但这个因素的变动会触发一系列其他因素的联动，最终会对经济增长带来影响，因此，采用一般均衡分析会更加全面分析变量间的影响。未来研究的一个重要方向就是用计量一般均衡模型（CGE）刻画教育支出对经济增长的效应，编制宏微观社会核算矩阵，设定各模块方程，并进行参数校准。

参 考 文 献

中文部分

[1] 亚当·斯密:《国富论》，商务印书馆 1972 年版。

[2] 李斯特:《政治经济学的国民体系》，商务印书馆 1961 年版。

[3] 杜尔哥:《关于财富的形成和分配的考察》，商务印书馆 1961 年版。

[4] 马克思:《资本论》，人民出版社 1975 年版。

[5] 萨缪尔森:《经济学》，商务印书馆 1979 年版。

[6] 马歇尔:《经济学原理》，商务印书馆 1964 年版。

[7] 西奥多·W. 舒尔茨:《人力资本投资：教育和研究的作用》，商务印书馆 1990 年版。

[8] 萨尔·D. 霍夫曼:《劳动力市场经济学》，上海三联书店 1989 年版。

[9] 郝寿义:《区域经济学》，经济科学出版社 1999 年版。

[10] 埃尔查南·科恩，特雷·G. 盖斯克:《教育经济学》，范元伟译，人民出版社 2009 年版。

[11] 娄成武、史万兵:《教育经济与管理》，中国人民大学出版社 2008 年版。

[12] 金子元:《高等教育的社会经济学》，刘文君译，北京大学出版社 2008 年版。

[13] 古宏伟:《转轨时期中国中低收入家庭教育投资分析》，中国金融出版社 2009 年版。

[14] 甘国华:《高等教育成本分担研究》，上海财经大学出版社 2007 年版。

［15］陈洪安、郑玥：《区域人力资本政策实证研究——以湖南省为例》，载于《经济研究导刊》2013 年第 6 期。

［16］李海峥等：《中国人力资本测度与指数构建》，载于《经济研究》2010 年第 8 期。

［17］郭庆旺、贾俊雪：《公共教育政策、经济增长与人力资本溢价》，载于《经济研究》2009 年第 10 期。

［18］廖楚晖：《政府教育支出区域间不平衡的动态分析》，载于《经济研究》2004 年第 6 期。

［19］陆铭、陈钊、万广华：《因患寡，而患不均——中国的收入差距、投资、教育和增长的相互影响》，载于《经济研究》2005 年第 12 期。

［20］周亚虹、宗庆庆、陈曦明：《财政分权体制下地市级政府教育支出的标尺竞争》，载于《经济研究》2013 年第 11 期。

［21］陈斌开：《政府教育投入、人力资本投资与中国城乡收入差距》，载于《管理世界》2010 年第 1 期。

［22］吴华明：《基于卢卡斯模型的人力资本贡献率测算》，载于《管理世界》2012 年第 6 期。

［23］徐现祥、舒元：《物质资本、人力资本与中国地区双峰趋同》，载于《世界经济》2005 年第 1 期。

［24］周波等：《财政教育支出与代际收入流动性》，载于《世界经济》2012 年第 12 期。

［25］祝树金、虢娟：《开放条件下的教育支出、教育溢出与经济增长》，载于《世界经济》2008 年第 5 期。

［26］刘伟、张鹏飞、郭锐欣：《人力资本跨部门流动对经济增长和社会福利的影响》，载于《经济学（季刊）》2014 年第 2 期。

［27］严成樑：《资本投入对我国经济增长的影响——基于拓展的 MRW 框架的分析》，载于《数量经济技术经济研究》2011 年第 6 期。

［28］郝硕博、倪霓：《创新异质性、公共教育支出结构与经济增长》，载于《财贸经济》2014 年第 7 期。

［29］王火根、沈利生：《中国经济增长与能源消费空间面板分析》，载

于《数量经济技术经济研究》2007 年第 12 期。

[30] 魏浩、王宸：《中国对外贸易空间集聚效应及其影响因素分析》，载于《数量经济技术经济研究》2011 年第 11 期。

[31] 廖楚辉：《政府教育支出效益、结构及模型》，载于《财政研究》2003 年第 4 期。

[32] 袁庆禄：《财政性教育投资结构对经济增长的动态影响分析》，载于《商业时代》2013 年第 8 期。

[33] 李拓、李斌：《中国跨地区人口流动的影响因素——基于个城市面板数据的空间计量检验》，载于《中国人口科学》2015 年第 2 期。

[34] 李晓阳、林恬竹、张琦：《人口流动与经济增长互动研究——来自重庆市的证据》，载于《中国人口科学》2015 年第 6 期。

[35] 陶东杰、张克中：《人口老龄化、代际冲突与公共教育支出》，载于《教育与经济》2015 年第 2 期。

[36] 汪崇金、许建标：《我国公共教育支出受益，孰多孰寡？——基于"服务成本方法"的受益归宿分析》，载于《财经研究》2012 年第 2 期。

[37] 陈工、许琳：《中美高等教育投资来源结构的比较及启示》，载于《当代经济》2007 年第 5 期。

[38] 田志磊、杨龙见、袁连生：《职责同构、公共教育属性与政府支出偏向——再议中国式分权和地方教育支出》，载于《北京大学教育评论》2015 年第 4 期。

[39] 吴玉鸣、李建霞：《我国区域教育竞争力的实证研究》，载于《教育与经济》2002 年第 3 期。

[40] 吴玉鸣、李建霞：《中国区域教育竞争力与区域经济竞争力的关联分析——兼复胡咏梅教授等》，载于《教育与经济》2004 年第 1 期。

[41] 吴玉鸣、何建坤：《研发溢出、区域创新集群的空间计量经济分析》，载于《管理科学学报》2008 年 4 期。

[42] 卫龙宝、施晟、刘志斌：《中国农村教育的收益率与外溢性分析》，载于《浙江大学学报（人文社会科学版）》2012 年 6 期。

[43] 范先佐：《我国基础教育财政体制改革的回顾与反思》，《华中师范

大学学报（人文社会科学版）》2003 年第 5 期。

[44] 吴培冠：《人力资本流动对区域经济增长差异之影响》，载于《中山大学学报（社会科学版）》2009 年第 5 期。

[45] 马海涛、楚晓琳：《政府绩效预算改革面临的机遇与挑战》，载于《财政监督》2012 年第 12 期。

[46] 王胜今、王化波：《省际间人力资本流动及原因探析》，载于《吉林大学社会科学学报》2009 年第 1 期。

[47] 唐兴霖，李文军：《中国区域教育支出地区差距的度量与分解：1995 - 2010 年》，载于《学术研究》2013 年第 7 期。

[48] 邹琪：《教育支出与经济增长的实证研究——以江浙沪为例》，载于《江苏社会科学》2013 年第 3 期。

[49] 武毅英、罗丹：《我国高教投资体制改革的模式探讨》，载于《厦门大学学报（哲学社会科学版）》2004 年第 3 期。

[50] 吴易风：《经济增长理论的历史辨析》，载于《学术月刊》2003 年第 2 期。

[51] 战磊、王凯：《FDI、对外贸易与县域全要素生产率的动态变化，来自江苏的证据》，载于《南京社会科学》2010 年第 12 期。

[52] 周仲秋、龙岳辉：《我国农村公共支出影响因素的模型分析》，载于《湖南师范大学社会科学学报》2010 年第 3 期。

[53] 王玺、张勇：《公共投资在中国经济转型中有效引导教育投入机制改革的研究——基于不同教育投入形式长期经济效果的实证分析》，载于《财政研究》2013 年第 10 期。

[54] 钱晓蕾、Russell Smysth、王秦：《中国教育与经济增长的互补效应》，载于《财经问题研究》2008 年第 12 期。

[55] 张宏霞：《我国财政教育投资现状、问题及对策》，载于《地方财政研究》2009 年第 8 期。

[56] 王玮等：《农村公共教育支出的减贫效果》，载于《江汉论坛》2015 年第 12 期。

[57] 杨大楷、孙敏：《公共投资与宏观经济结构的实证研究》，载于

《经济问题》2009 年第 4 期。

[58] 李炜、俞会新、商植桐：《论高等院校实行廉政保证金制度》，载于《天津师范大学学报社会科学版》2014 年第 2 期。

[59] 姜颖、宋玉霞、刘根节：《提升我国教育投资对经济增长贡献的再研究》，载于《经济问题探索》2009 年第 7 期。

[60] 胡伟强、刘长奎：《教育投资的外溢效应研究》，载于《求索》2006 年第 12 期。

[61] 李其原、刘长江：《财政性教育支出与创新水平的区域差异及调配》，载于《求索》2013 年第 3 期。

[62] 田静：《人力资本流动、市场转移成本与产业空间聚集演化》，载于《求索》2014 年第 11 期。

[63] 李玲：《中国教育投资对经济增长低贡献水平的成因分析》，载于《财经研究》2004 年第 8 期。

[64] 李杰：《人口流动对中国经济增长收敛性的影响》，载于《经济研究导刊》2014 年第 14 期。

[65] 马婉：《人力资本理论与教育投资问题新探》，载于《云南师范大学学报》2004 年第 2 期。

[66] 李生滨：《中国区域教育投资模型及影响因素分析》，载于《财经问题研究》2009 年第 10 期。

[67] 周仲高、傅艺：《区域教育人口与经济的分布特征与联动模式——以浙江省为例》，载于《中国地质大学学报（社会科学版）》2006 年第 6 期。

[68] 刘国余：《基于菲德模型的我国教育外溢效应面板估计》，载于《地方财政研究》2014 年第 3 期。

[69] 宗晓华：《多任务代理、财政外溢与地方公共服务提供——以教育为例》，载于《地方财政研究》2009 年第 8 期。

[70] 孟祥财、叶阿忠：《知识外部性、研究开发与经济可持续增长——理论分析与基于中国数据的实证研究》，载于《财经研究》2009 年第 9 期。

[71] 董银果、郝立芳：《中国教育投资回报率度量的关键问题探析》，载于《西南大学学报（社会科学版）》2011 年第 1 期。

[72] 李慧:《我国财政教育投资的相对量分析》,载于《经济研究参考》2008 年第 46 期。

[73] 部小华:《高等教育过度及其化解》,载于《南昌大学学报(人文社会科学版)》2008 年第 3 期。

[74] 曾芳芳:《重庆市教育支出对义务教育供给效率的影响探究——以 2009－2013 年县级数据为例》,载于《探索》2015 年第 3 期。

[75] 李彦西:《欠发达地区高等教育投融资外溢效益研究——基于贵州省的实证分析》,载于《贵州财经学院学报》2007 年第 3 期。

[76] 陈昊、赵春明:《出口贸易、教育投入与经济增长,理论模型与经验证据》,载于《经济经纬》2012 年第 1 期。

[77] 唐祥来:《教育发展、人力资本投资与经济增长——基于江苏省的数据》,载于《经济经纬》2008 年第 6 期。

[78] 陈绵水、施文艺、付剑茹:《中美两国高等教育投入体制比较之研究》,载于《价格月刊》2009 年第 3 期。

[79] 陈平路、鲁小楠、侯俊会:《政府教育支出的挤入挤出效应分析》,载于《教育与经济》2013 年第 4 期。

[80] 陈志勇、张超:《财政分权对我国地方政府教育支出的影响研究——基于省级面板数据的实证分析》,载于《教育与经济》2012 年第 4 期。

[81] 唐晓灵、孙改革:《教育项目财政投资绩效评价研究》,载于《会计之友》2013 年第 7 期。

[82] 程凤春、郝保伟:《丹麦教育投资的特点及其未来走向,兼析经济高度发达、高税收、高福利国家教育投资的特点及未来走向》,载于《比较教育研究》2006 年第 1 期。

[83] 储德银、张婷:《财政分权与收入不平等——基于面板门限回归模型的实证研究》,载于《山西财经大学学报》2016 年第 1 期。

[84] 丁锋、孟欣:《人力资本的特征》,载于《商业研究》2004 年第 15 期。

[85] 丁小浩,翁秋怡:《权力资本与家庭的教育支出模式》,载于《北京大学教育评论》2015 年第 3 期。

[86] 冯莉：《对教育投资水平和经济增长关系的研究》，载于《价格理论与实践》201 年第 7 期。

[87] 毛建军、高杰：《国内外高等教育投入比较研究》，载于《商业时代》2010 年第 18 期。

[88] 贝努瓦·米洛特、李璐：《高等教育支出与产出：错综复杂的关系》，载于《北京大学教育评论》2013 年第 2 期。

[89] 李敏：《区域性教育投资对经济增长的动态影响分析——基于面板数据模型》，载于《商业时代》2014 年第 11 期。

[90] 丁小浩，翁秋怡：《职业权力与家庭教育支出——基于政治经济学视角的实证分析》，载于《教育研究》2015 年第 8 期。

[91] 丁小浩、薛海平：《我国城镇居民家庭义务教育支出差异性研究》，载于《教育与经济》2005 年第 4 期。

[92] 丁晓峰、白彦琴：《高等教育投资中的人力资本外部收益性分析》，载于《现代管理科学》2014 年第 12 期。

[93] 杜小敏、陈建宝：《人口迁移与流动对我国各地区经济影响的实证分析》，载于《人口研究》2010 年第 3 期。

[94] 杜修立：《现代经济增长理论及实证研究述评》，载于《财经问题研究》2003 年第 8 期。

[95] 段敏芳、谢浩然：《我国区域间教育投资收益错位问题研究——基于人口流动背景》，载于《中南民族大学学报（人文社会科学版)》2014 年第 5 期。

[96] 段平忠、刘传江：《人口流动对经济增长地区差距的影响》，载于《中国软科学》2005 年第 12 期。

[97] 段平忠：《人力资本流动对地区经济增长差距的影响》，载于《中国人口·资源与环境》2007 年第 4 期。

[98] 傅骑维、邵争艳：《Malrnquist 指数在评价中国区域高等教育资源配置变化中的应用》，载于《技术经济》2006 年第 2 期。

[99] 高彩梅、朱先奇、史彦虎：《基于门槛模型的人力资本与区域技术创新研究》，载于《科技管理研究》2014 年第 2 期。

[100] 高月梅、殷功利、叶新平：《安徽教育财政支出与经济增长的实证分析》，载于《统计与决策》2012 年第 7 期。

[101] 谷宏伟、杨秋平：《收入、期望与教育支出：对当前中国家庭教育投资行为的实证分析》，载于《宏观经济研究》2013 年第 3 期。

[102] 顾佳峰：《中国教育支出与经济增长的空间实证分析》，载于《教育与经济》2007 年第 1 期。

[103] 管彦庆、刘京焕、王宝顺：《我国地方政府财政政策空间依赖实证研究——基于政府效率的视角》，载于《当代财经》2014 年第 3 期。

[104] 管彦庆、刘京焕、王宝顺：《我国地方政府政策的空间互动关系——基于财政竞争与政府效率的视角》，载于《现代经济探讨》2014 年第 4 期。

[105] 郝晓燕、郭辉旭：《我国财政科学技术与教育支出的省际分布》，载于《经济研究参考》2012 年第 23 期。

[106] 刘中文，李录堂：《提高农村人力资本投资效率解决"三农"问题》，载于《生产力研究》2010 年第 4 期。

[107] 何雄浪：《企业异质、人力资本流动与产业空间演化》，载于《南开经济研究》2012 年第 4 期。

[108] 黄寰、蒋莉蘋、罗子欣：《教育支出与区域经济增长——基于四川省数据的回归分析》，载于《社会科学家》2013 年第 8 期。

[109] 黄霖强、马骁、冯瑛：《我国居民人均教育支出的差异分析》，载于《经济体制改革》2012 年第 5 期。

[110] 黄乾：《中国农户教育投资的实证分析》，载于《南开经济研究》2005 年第 6 期。

[111] 黄维海、袁连生：《农村税费改革与义务教育支出结构倒 U 型演变》，载于《清华大学教育研究》2012 年第 2 期。

[112] 季建辉：《对当前我国财政教育支出现状的几点思考》，载于《经济研究参考》2012 年第 47 期。

[113] 江文涛：《农村义务教育投资的地 K 差异》，载于《财经科学》2006 年第 3 期。

[114] 接玉芹：《教育投资对经济发展的外溢性研究——基于我国省际面

板数据实证分析》，载于《财经问题研究》2012 年第 2 期。

[115] 雷万鹏、钱佳：《财政分权背景下地方政府教育支出行为研究》，载于《华中师范大学学报（人文社会科学版)》2015 年第 2 期。

[116] 李东航：《广西区域高等教育与区域经济发展的适应性研究》，载于《广西社会科学》2010 年第 11 期。

[117] 李凡、马万里：《中国式财政分权的收入分配效应研究——以政府人力资本投资为例》，载于《现代财经（天津财经大学学报)》2013 年第 7 期。

[118] 杨利平、宋元梁：《西部农村家庭教育投资意愿影响因素的 Logistic 分析——以陕西省为例》，载于《农业技术经济》2007 年第 5 期。

[119] 王文博、刘生元：《利用菲德模型测量教育投资的外溢效应》，载于《统计研究》2001 年第 9 期。

[120] 李强：《基础设施投资、教育支出与经济增长基础设施投资"挤出效应"的实证分析》，载于《财经理论与实践》2012 年第 3 期。

[121] 李晓萌：《俄罗斯：2013 年学前教育支出将达 300 亿卢布》，载于《比较教育研究》2012 年第 7 期。

[122] 陈浩、薛声家：《教育投入对中国区域经济增长贡献的计量分析》，载于《经济与管理》2004 年第 10 期。

[123] 吴慈生、李兴国. 《区域人力资本流动对经济增长的影响研究》，载于《现代管理科学》2006 年第 12 期。

[124] 李贞：《我国财政教育支出总量与结构的变动趋势研究》，载于《中央财经大学学报》2012 年第 11 期。

[125] 李真、李全生：《高等教育投资的现状分析及其改革》，载于《北京化工大学学报（社会科学版)》2005 年第 2 期。

[126] 刘蓓蓉、许敬轩：《我国地方政府高等教育支出结构影响因素分析》，载于《现代管理科学》2015 年第 3 期。

[127] 刘蓓蓉：《政府教育支出与绩效评价——基于美国州立大学绩效拨款的经验》，载于《现代管理科学》2015 年第 2 期。

[128] 刘精明：《高等教育扩展与入学机会差异：1978 - 2003》，载于

《社会》2006 年第 3 期。

［129］刘灵芝、黄悦怡、王雅鹏：《基于收入分层视角的农村教育投资与教育回报研究——兼对湖北省农村家庭的实证检验》，载于《农业技术经济》2013 年第 12 期。

［130］刘晓凤：《基于 PANEL DATA 模型的省级教育支出分析》，载于《广西财经学院学报》2009 年第 4 期。

［131］刘晓凤：《我国财政教育支出绩效评价研究》，载于《西部财会》2011 年第 10 期。

［132］刘晓凤：《财政教育支出、财政总支出与基尼系数的脉冲响应分析——以湖北省义务教育为例》，载于《兰州学刊》2012 年第 5 期。

［133］刘晔、黄承键：《我国教育支出对经济增长贡献率的实证研究——基于省际面板数据时空差异的分析》，载于《教育与经济》2009 年第 4 期。

［134］刘幼昕：《中国财政性教育支出与经济增长关系研究》，载于《统计与决策》2013 年第 11 期。

［135］尹栾玉、王磊：《日本公共教育支出结构的特征及其借鉴》，载于《现代日本经济》2010 年第 4 期。

［136］逯进、侯传璐：《我国人力资本与经济增长的关联性特征分析》，载于《人口与发展》2015 年第 5 期。

［137］骆永民、袁春瑛：《我国公共安全与经济增长的空间计量实证分析》，载于《商业经济与管理》2007 年第 12 期。

［138］骆永民：《城市化对房价的影响，线性还是非线性？——基于四种面板数据回归模型的实证分析》，载于《财经研究》2011 年第 4 期。

［139］骆永民：《中国科教支出与经济增长的空间面板数据分析》，载于《河北经贸大学学报》2008 年第 1 期。

［140］马国贤、马志远：《教育支出占 GDP 的比重，国际比较与政策建议》，载于《教育发展研究》2009 年第 3 期。

［141］马继迁、张宏如：《人力资本、政治资本与失地农民的工作获得》，载于《华东经济管理》2015 年第 12 期。

［142］毛伟、李超、居占杰：《教育能缓解农村贫困吗？——基于半参数

广义可加模型的实证研究》，载于《云南财经大学学报》2014 年第 1 期。

［143］聂丽洁、周浩波、穆霄：《政府教育投资对经济增长影响的测度研究——来自全国与陕西省的数据》，载于《山西财经大学学报》2008 年第 S2 期。

［144］聂颖、郭艳娇、韩沔洁：《财政分权、地方政府竞争和教育财政支出相关关系研究》，载于《地方财政研究》2011 年第 11 期。

［145］聂颖、郭艳娇、朱一鸣：《我国地方政府教育支出影响因素分析》，载于《财经问题研究》2014 年第 6 期。

［146］彭宇飞、陈俊生：《高等学校教育支出绩效评价指标体系构建》，载于《山西财经大学学报》2012 年第 S2 期。

［147］钱晓烨、迟巍、史瑶：《义务教育阶段城镇家庭教育支出的构成及不平等：来自 2007 和 2011 的实证证据》，载于《教育与经济》2015 年第 6 期。

［148］乔琳：《金砖五国教育投资对经济增长的外溢效应——基于菲德尔模型的实证研究》，载于《中央财经大学学报》2013 年第 4 期。

［149］杨丽丽、朱卫东：《地方政府教育支出效率及影响因素分析》，载于《教育财会研究》2014 年第 3 期。

［150］邱伟华、景瑞琴：《教育体系、收入分布与经济增长》，载于《财经科学》2007 年第 3 期。

［151］任雪莲、伊继东：《区域高等教育均衡发展初探》，载于《高等教育研究》2006 年第 4 期。

［152］任英华、游万海、徐玲：《现代服务业集聚形成机理空间计量分析》，载于《人文地理》2011 年第 1 期。

［153］商丽浩、曹小玲：《浙江省基础教育投资差异分析》，载于《教育与经济》2003 年第 1 期。

［154］邵琳：《人力资本与区域经济增长》，载于《人口学刊》2014 年第 2 期。

［155］邵扬：《中国省际经济增长与物流的空间面板计量分析》，载于《技术经济与管理研究》2009 年第 6 期。

[156] 沈百福、俞诗秋：《中国省级地方教育投资的区域比较研究》，载于《教育与经济》1994 年第 4 期。

[157] 沈百福、颜建超：《我国城镇居民教育支出的地区差异及其变化》，载于《复旦教育论坛》2012 年第 6 期。

[158] 沈百福、颜建超：《我国公共教育支出与城镇居民家庭教育支出问题研究》，载于《上海教育科研》2012 年第 10 期。

[159] 沈百福、杨治平：《居民教育支出与公共教育支出的国际比较》，载于《教育理论与实践》2013 年第 19 期。

[160] 沈亚芳、沈百福：《我国农村居民教育支出倾向变化及其解释》，载于《教育发展研究》2012 年第 5 期。

[161] 沈亚芳、吴方卫：《城乡差异对教育发展的影响——基于 OacaxaBlinder 分解技术的实证研究》，载于《农业技术经济》2013 年第 7 期。

[162] 宋锋华，罗夫永：《西部能源消费与经济增长关系的实证研究》，载于《干旱区资源与环境》2013 年第 5 期。

[163] 孙东生、易加斌：《人力资本存量与经济增长关系实证研究——基于国际比较视角》，载于《商业研究》2013 年第 9 期。

[164] 孙勤、陈启泷：《我国城乡家庭教育投资差异调查分析——以江苏省南通市为例》，载于《调研世界》2013 年第 4 期。

[165] 高端君，彭佳林，李孜：《基于 VAR 的人口流动与地区经济关系研究——以重庆市为例》，载于《西北人口》2015 年第 1 期。

[166] 覃利春，沈百福：《城乡居民教育支出的影响因素及其模式研究》，载于《复旦教育论坛》2015 年第 1 期。

[167] 王鉴：《西部民族地区教育均衡发展的新战略》，载于《民族研究》2002 年第 6 期。

[168] 刘洪文：《教育水平与经济增长的交互影响分析》，载于《商业时代》2012 年第 20 期。

[169] 唐志军、刘友金、谌莹：《地方政府竞争、投资冲动和我国宏观经济波动研究》，载于《当代财经》2011 年第 8 期。

[170] 王甘、李唐、杨威：《财政教育支出、经济开放度与地区间教育水

平差异间关系的实证分析——基于 1998—2008 年中国省际面板数据》，载于《技术经济》2012 年第 3 期。

[171] 王浩：《人力资本投资及其激励性体制》，载于《南京农业大学学报（社会科学版），2003 年第 4 期。

[172] 王磊：《职业教育与经济增长关系的实证检验——基于中国 1998 年—2007 年数据的验证》，载于《清华大学教育研究》2011 年第 2 期。

[173] 王明杰、郑一山：《西方人力资本理论研究综述》，载于《中国行政管理》2006 年第 8 期。

[174] 王颖：《金融危机对中部地区人力资本流动的影响及对策》，载于《教育与经济》2009 年第 2 期。

[175] 魏乾梅：《公共教育支出占 GDP 之比 4% 目标落实历程与教育发展分析》，载于《山西财经大学学报》2013 年第 S1 期。

[176] 吴彩虹、全承相：《地方政府教育财政投入监督机制及其完善》，载于《湖南师范大学教育科学学报》2012 年第 3 期。

[177] 吴俊培、王宝顺：《我国省际间税收竞争研究》，载于《当代财经》2012 年第 4 期。

[178] 吴青荣：《人力资本存量与中等收入群体比重协整关系的统计检验》，载于《统计与决策》2015 年第 23 期。

[179] 吴青荣：《我国人力资本结构与中等收入群体比重的实证分析》，载于《经济问题探索》2015 年第 12 期。

[180] 孙春、王茜：《我国农村教育投资的影响因素研究》，载于《商业时代》2009 年第 10 期。

[181] 吴玉鸣，徐建华：《中国区域经济增长集聚的空间统计分析》，载于《地理科学》2004 年第 6 期。

[182] 武向荣：《教育扩展中的过度教育现象及其收入效应》，载于《北京师范大学学报（社会科学版)》2007 年第 5 期。

[183] 武向荣：《农村贫困地区家庭教育支出及负担的实证研究——基于宁夏两个国家级贫困县的调查》，载于《教育理论与实践》2015 年第 16 期。

[184] 相伟：《深度城市化战略的内涵与实施保障研究》，载于《经济纵

横》2012 年第 4 期。

[185] 徐俊武、易祥瑞：《增加公共教育支出能够缓解"二代"现象吗？——基于CHNS 的代际收入流动性分析》，载于《财经研究》2014 年第 11 期。

[186] 颜莉冰：《高等教育资源的区域公平性研究》，载于《高教探索》2005 年第 5 期。

[187] 杨莉莉、邵帅：《人力资本流动与资源诅咒效应：如何实现资源型区域的可持续增长》，载于《财经研究》2014 年第 11 期。

[188] 杨良松：《中国干部管理体制减少了地方政府教育支出吗？——来自省级官员的证据》，载于《公共管理学报》2013 年第 2 期。

[189] 杨龙见、陈建伟、徐琰超：《财政教育支出降低了人口出生率?》，载于《经济评论》2013 年第 3 期。

[190] 吴睿、王德祥：《我国农村劳动力受教育水平与农村扶贫效率关系研究》，载于《北京教育学院学报》2010 年第 2 期。

[191] 杨晓军：《中国农户人力资本投资与城乡收入差距，基于省级面板数据的经验分析》，载于《农业技术经济》2013 年第 4 期。

[192] 姚先国、辜晓红：《筛选机制与分割效应——中国高等教育投资城乡差异的一个理论分析》，载于《南开经济研究》2011 年第 5 期。

[193] 印月：《改进中国财政教育支出结构的政策建议》，载于《经济研究参考》2013 年第 30 期。

[194] 余靖雯：《教育支出分权与地区人力资本》，载于《财经问题研究》2012 年第 2 期。

[195] 余英：《教育如何影响幸福——教育、公共教育支出与主观幸福的研究进展》，载于《北京大学教育评论》2014 年第 3 期。

[196] 俞立平、孙建红：《知识溢出下自主研发与协同创新综合绩效研究》，载于《科学学与科学技术管理》2014 年第 6 期。

[197] 袁诚、张磊、曾颖：《地方教育投入对城镇家庭教育支出行为的影响——对我国城镇家庭动态重复截面数据的一个估计》，载于《经济学动态》2013 年第 3 期。

[198] 袁平红，王永培：《我国工商业密度分布及其影响因素的实证研

究》，载于《经济问题探索》2010 年第 8 期。

[199] 张本飞：《中国教育投入与农业增长的格兰杰因果关系分析》，载于《中国人口·资源与环境》2010 年第 12 期。

[200] 张恩碧、王容梅：《农村居民教育支出比重与财政教育支出比重的相关性分析》，载于《消费经济》2015 年第 2 期。

[201] 张玲、曹艳春：《中国教育投入现状分析与政策建议》，载于《教育理论与实践》2002 年第 1 期。

[202] 张藕香：《城乡收入差距的动态演变及决定因素——基于 CNKI 数据库 1988～2013 年的文献分析》，载于《电子科技大学学报（社科版）》2014 年第 4 期。

[203] 张淑翠、张永：《我国城乡义务教育资源配置的收敛效应》，载于《经济与管理评论》2012 年第 6 期。

[204] 张苏秋、顾江：《居民教育支出对文化消费溢出效应研究——基于全国面板数据的门限回归》，载于《上海经济研究》2015 年第 9 期。

[205] 张学敏：《我国义务教育经费投入体制的变迁》，载于《教育科学》2003 年第 4 期。

[206] 张振、邢家合：《如何完善我国高等教育投融资体制》，载于《商业时代》2006 年第 30 期。

[207] 张宗海：《试论区域高等教育发展战略的规划》，载于《教育研究》2006 年第 9 期。

[208] 赵达薇，李非非：《罗默、卢卡斯人力资本理论对经济增长作用的理论分析》，载于《管理现代化》2008 年第 1 期。

[209] 赵宏斌、刘念才等：《我国高校的区域分布研究：基于人口、GDP的视角》，载于《高等教育研究》2007 年第 1 期。

[210] 赵日晖、闫淑敏：《区域人力资本研究综述及深化研究的建议》，载于《人才开发》2009 年第 2 期。

[211] 赵志华、吴长莉、赵晓兰：《企业对高等教育投资的收益分析》，载于《河北师范大学学报（教育科学版）》2011 年第 5 期。

[212] 甄志平、黄梅等：《社会分层视角下大学生健康危险行为特征与管

理研究》，载于《中国体育科技》2008 年第 2 期。

[213] 郑磊：《财政分权、政府竞争与公共支出结构——政府教育支出比重的影响因素分析》，载于《经济科学》2008 年第 1 期。

[214] 钟无涯：《教育投入与经济绩效——基于京沪粤的区域比较》，载于《教育与经济》2014 年第 2 期。

[215] 周胜、刘正良：《中国教育投入的外溢效益及其计量检验》，载于《教育与经济》2013 年第 1 期。

[216] 周书馨：《中美教育投资来源及总量比较》，载于《教育学术月刊》2009 年第 10 期。

[217] 周文良：《试论我国实行教育成本分担与补偿的依据》，载于《教育科学》1998 年第 1 期。

[218] 周盈南、金涵旻：《货币政策与股票价格相关性分析——基于经验模态分解的实证》，载于《商业经济研究》2016 年第 4 期。

[219] 朱琪、王雅丽：《大学英语教育的个人投入与收益分析》，载于《教育与职业》2007 年第 8 期。

[220] 朱庆环、成刚、田立新：《政府间转移支付对县级教育支出的影响——基于北京市的证据》，载于《教育与经济》2013 年第 4 期。

[221] 朱庆环、田立新：《政府间转移支付对教育支出的影响研究分析》，载于《国家教育行政学院学报》2013 年第 8 期。

[222] 邹湘江：《基于"六普"数据的我国人口流动与分布分析》，载于《人口与经济》2011 年第 6 期。

[223]《第十二届全国人民代表大会第四次会议关于国民经济和社会发展第十三个五年规划纲要的决议》，载于《中华人民共和国全国人民代表大会常务委员会公报》2016 年第 2 期。

[224] 杜修立：《开放条件下中国经济增长的实证研究》，东北财经大学2007 年。

[225] 李芳蹊：《国财政性教育支出对经济增长影响的实证研究》，辽宁大学 2015 年。

[226] 李文武：《西部地区人力资本开发的制度研究》，中央民族大学

2005 年。

[227] 李雪峰：《中国人力资本与内生经济增长》，西北工业大学 2006 年。

[228] 梁国超：《教育投资在经济增长中的作用机制研究》，吉林大学 2008 年。

[229] 刘惠林：《中国农村教育财政问题研究》，东北林业大学 2007 年。

[230] 刘少波：《财政教育投资及其绩效研究》，暨南大学 2010 年。

[231] 罗伟卿：《财政分权对于我国公共教育供给数量与区域差异的影响》，清华大学 2011 年。

[232] 马跃：《中国教育与经济发展方式及财政保障研究》，财政部财政科学研究所 2012 年。

[233] 王海兵：《人力资本、物质资本与中国全要素生产率》，山东大学 2015 年。

[234] 吴英娟：《中国高等教育资源投入效益评价研究》，吉林大学 2011 年。

[235] 杨超：《我国地区间人力资本结构与经济增长关系的实证研究》，西南交通大学 2014 年。

[236] 赵桂婷：《基于人力资本传导机制的区域经济差异研究》，兰州大学 2014 年。

[237] 何秀超：《美国教育投资体系现状与政策》，载于《光明日报》2005 年 8 月 31 日。

[238] 江洋：《欧盟根据 33 个国家现状提出高教经费改革新建议》，载于《中国教育报》2010 年 8 月 17 日。

[239] 焦郁：《"我国高等教育毛入学率居世界第一"纯属误谈》，载于《光明日报》2005 年 1 月 15 日。

[240] 唐阳：《民办高等教育筹资路在何方》，载于《光明日报》2007 年 2 月 28 日。

外文部分

[1] Alm J, J V Winters. Distance and intrastate college student migration. *Economics of Education Review*, 2009, 28 (6): 728 – 738.

［2］ Appiah E, W. W. McMahon. The social outcomes of education and feedbacks on growth in Africa. *Journal of Development Studies*, 2002, 34 (4): 27 - 68.

［3］ Arnold J, A Bassanini, et al. Solow or Lucas? Testing speed of convergence on a panel of OECD countries. *Research in Economics*, 2011, 65 (2): 110 - 123.

［4］ Barro R J. Human capital and growth in cross-country regressions. *Swedish Economic Policy Review*, 1999, 6 (2): 237 - 277.

［5］ Barro R. J. X Sala-i-Martin. *Economic growth*. Cambridge, MIT Press, 2004.

［6］ Beine M, F Docquier, et al. Brain drain and economic growth: theory and evidence. *Journal of Development Economics*, 2011 (64): 275 - 289.

［7］ Beine M, F Docquier, et al. Brain drain and human capital formation in developing countries : winners and losers. *Economic Journal*, 2008, 118: 631 - 652.

［8］ Benhabib J, M Spiegel. The role of human capital in economic development. *Journal of Monetary Economics*, 1994, 34 (2): 143 - 173.

［9］ Bergman E, U Schubert. Spillovers and innovation, environment and space: Policy uncertainties and research opportunities. G. Maier and S. Sedlacek. *Spillovers and innovations. Space, environment and the economy*. New York, Springer, 2005.

［10］ Bhagwati J N, K Hamada. The brain drain, international integration of markets for professionals and unemployment: a theoretical analysis. *Journal of Development Economics*, 1974, 1 (1): 19 - 42.

［11］ Bosworth B P, S M Collins. The empirics of growth: an update. *Brookings Papers on Economic Activity*, 2003 (2): 113 - 206.

［12］ Bowman M J, R G Myers. Schooling, experience, and gains and losses in human capital through migration. *Journal of the American Statistical Association*, 1967, 62 (319): 875 - 898.

［13］ Ciccone A, E Papaioannou. Human capital, the structure of production, and growth. *The Review of Economics and Statistics*, 2009, 91: 66 - 82.

〔14〕 D H C Chen, C. J. Dahlman. *Knowledge and development: a cross-section approach.* The World Bank, Policy Research Working Paper Series: 3366, 2004.

〔15〕 Dasgupta P. Social capital and economic performance. //E. Ostrom and T. K. Ahn. *Foundations of social capital.* Cheltenham (UK), Edward Elgar, 2003.

〔16〕 De laFuente A, R Domenech. Human capital in growth regressions: how much difference does data quality make?. *Journal of the European Economic Association*, 2006 (4): 136.

〔17〕 Del Bo C, M Florio, et al. Infrastructure and convergence: growth implications in a spatial framework. *Transition Studies Review*, 2010, 17 (3): 475 –493.

〔18〕 Di Liberto A, J Symons. *Education and Italian regional development, centre for economic performance education and Italian regional development.* London School of Economics and Political Science, 2001.

〔19〕 Di Maria C, E Lazarova. Migration, human capital formation, and growth: an empirical investigation. *World Development*, 2012, 40 (5): 938 –955.

〔20〕 Elhorst J P. MATLAB software for spatial panels. *International Regional Science Review*, 2012.

〔21〕 Engelbrecht H J. Human capital and economic growth: cross-section evidence for OECD countries. *Economic Record*, 2003, 79 (SPECIAL ISSUE): S40 – S51.

〔22〕 Epstein G S. Herd and network effects in migration decision-making. *Journal of Ethnic and Migration Studies*, 2008, 34 (4): 567 –583.

〔23〕 Faggian A, P McCann. Human capital, graduate migration and innovation in British regions. *Cambridge Journal of Economics*, 2009, 33 (2): 317 –333.

〔24〕 Giannoccolo P. *The brain drain.* a survey of the literature. Working Paper, Department of Economics, University of Bologna, 2006.

〔25〕 Griffiths J, W Laffan, et al. *Factors that influence skilled migrants locating in regional areas.* A Report for Department of Immigration and Citizenship (DI-AC), Institute for Social Science Research (ISSR), 2010.

〔26〕 Groen J A. The effect of college location on migration of college-educated labor. *Journal of Econometrics*, 2004, 121 (1 - 2): 125 - 142.

［27］ Grossman M, R Kaestner. Effects of education on health. //J R Behrman and N Stacey. *The Social Benefits of Education*. Ann Arbor, University of Michigan Press, 1997.

［28］ Grubel H G, A Scott. The international flow of human capital. *American Economic Review*, 1966, 56 (1/2): 268 - 274.

［29］ Haapanen M, H Tervo. Migration of the highly educated: evidence from residence spells of university graduates. *Journal of Regional Scienc*, 2011, 51 (5): 1 - 19.

［30］ Hanushek E A, D D Kimko. Schooling, labor force quality, and the growth of nations. *American Economic Review*, 2000, 90: 1184 - 1208.

［31］ Healey P. Knowledge flows, spatial strategy making, and the roles of academics. *Environment and Planning C: Government and Policy*, 2008, 26 (5): 861 - 881.

［32］ Hoare A, M Corver. The regional geography of new young graduate labour in the UK. *Regional Studies*, 2010, 44 (4): 477 - 494.

［33］ Khamene A D, B Saroukhani. Investigating the Main Concerns over the "Brain Drain" in Developing Countries. *American Journal of Scientific Research*, 2011 (14): 93 - 100.

［34］ Kwok V, H Leland. An Economic Model of the Brain Drain. *American Economic Review*, 1982, 72 (1): 91 - 100.

［35］ L Anselin, I Syabri, Y Kho. GeoDa: An Introduction to Spatial Data Analysis. *Geographical Analysis*, 2006, 38 (1): 5 - 22.

［36］ Lesage J P, M M Fischer. Spatial growth regressions: model specification, estimation and interpretation. *Spatial Economic Analysis*, 2008, 3 (3): 275 - 304.

［37］ Lucas R E. On the mechanics of economic development. *Journal of Monetary Economics*, 1988, 22: 3 - 42.

［38］ Mankiw N G, D Romer, et al. A contribution to the empirics of economic growth. *Quarterly Journal of Economics*, 1992, 107 (2): 407 – 437.

［39］ Manski C. Economics analysis of social interactions. *Journal of Economic Perspectives*, 2000, 14 (3): 115 – 136.

［40］ Manuelli R E, A Seshadri. *Human capital and the wealth of nations*. Madison, WI, Department of Economics, University of Wisconsin-Madison, 2007.

［41］ Marinelli E. *Graduate migration in Italy-Lifestyle or necessity?*. ERSA Conference Papers, European Regional Science Association, 2011.

［42］ McGranahan D, T Wojan. Recasting the creative class to examine growth processes in rural and urban counties. *Regional Studies*, 2007, 41 (2): 197 – 216.

［43］ McMahon W W. The social and external benefits of eduaction. //G. Johnes and J. Johnes. *International Handbook on the Economics of Education*. Cheltenham, UK and Northampton, MA, USA, Edward Elgar Publishing, 2004.

［44］ Nelson R, E Phelps. Investment in humans, technological diffusion, and economic growth. *American Economic Review: Papers and Proceedings*, 1966, 51 (2): 69 – 75.

［45］ Persson J, B Malmberg. *Human capital, demographics and growth across the U. S. states* 1920 – 1990. IIES, Stockholm University and Institute for Building Research, Gävle, Sweden, 1996.

［46］ Power D, A Malmberg. The contribution of universities to innovation and economic development: in what sense a regional problem?. *Cambridge Journal of Regions, Economy and Society*, 2008, 1 (2).

［47］ Ritsila J, M Ovaskainen. Migration and regional centralization of human capital. *Applied Economics*, 2001, 33 (3): 317 – 325.

［48］ Romer P. *Human capital and growth: theory and evidence*. Carnegie Rochester Conference Series on Public Policy, 1990.

［49］ Romer P M. Increasing return and long-run growth. *The Journal of Political Economy*, 1986, 94 (5): 1002 – 1037.

［50］ Wang Y, Ni C. The role of the composition of the human capital on the economic growth: with the spatial effect among provinces in China. *Modern Economy*, 2015 (6): 770 – 781.

［51］ Solow R M. A contribution to the theory of economic growth. *Quarterly Journal of Economics*, 1956 (70): 65 – 94.

［52］ Stark O, C Helmenstein, et al. Human capital depletion, human capital formation, and migration: a blessing or a curse?. *Economic Letters*, 1998, 60 (3): 363 – 367.

［53］ Temple J. Growth effects of education and social capital in the OECD countries. *OECD Economic Studies*, 2001 (33): 57 – 101.

［54］ Toutkoushian R K, N W Hillman. The impact of state appropriations and grants on access to higher education and outmigration. *Review of Higher Education*, 2012, 36 (1): 51 – 90.

［55］ Uzawa H. Optimum technical change in an aggregative model of economic growth. *International Economic Review*, 1965 (6): 18 – 31.

［56］ Jung H, E Thorbecke. The impact of public education expenditure on human capital, growth and poverty in Tanzania and Zambia: A general equilibrium approach. *Journal of Policy Modeling*, 2003, 25 (8).

［57］ Poutvaara P. Educating Europe: should public education be financed with graduate taxes or income-contingent loans. *CESifo Economic Studies*, 2004, 50 (4).

［58］ Konrad K, Spadaro A. Education redistributive taxation and confidence. *Journal of Public Economics*, 2006, 90 (1 – 2).